C.H.BECK WISSEN

Die Griechen der Antike kannten den Begriff der «Würde» noch nicht. Und von der römischen «dignitas» bis zur ethischen, politischen und rechtlichen Entfaltung der Menschenwürde war es ein weiter Weg. In den klassischen Menschenrechtserklärungen des 18. und 19. Jahrhunderts war die Menschenwürde nicht enthalten. Erst im 20. Jahrhundert wurde sie im Recht verankert und zum obersten Gebot der Moral. Wieso taucht die Einsicht in die Würde so spät auf? Was ist die Menschenwürde überhaupt? Und wodurch wird sie verletzt? Dieses Buch wendet sich an jeden, der die Menschenwürde als zentralen Wert von Ethik, Recht und Staat besser verstehen will.

Dietmar von der Pfordten ist Professor für Rechts- und Sozialphilosophie an der Georg-August-Universität Göttingen und Direktor der Abteilung für Rechts- und Sozialphilosophie. Bei C.H.Beck liegt von ihm vor: *Rechtsethik* ([2]2011) und *Rechtsphilosophie. Eine Einführung* (C.H.Beck Wissen, 2013).

Dietmar von der Pfordten

MENSCHENWÜRDE

C.H.Beck

1. Auflage. 2016

2., durchgesehene Auflage. 2023

Originalausgabe

www.chbeck.de
Reihengestaltung Umschlag: Uwe Göbel (Original 1995, mit Logo),
Marion Blomeyer (Überarbeitung 2018)
Umschlagabbildung: Bürgerrechtler Martin Luther King winkt
den Teilnehmern des Marsches auf Washington, Washington DC,
28. August 1963. © Getty Images/Bettmann
Satz: C.H.Beck.Media.Solutions, Nördlingen
Druck und Bindung: Druckerei C.H.Beck, Nördlingen
Printed in Germany
ISBN 978 3 406 68837 9

klimaneutral produziert
www.chbeck.de/nachhaltig

Inhalt

Vorwort

Die Menschenwürde lässt sich einem Läufer vergleichen, der zwar als Letzter gestartet ist, dann aber alle anderen Läufer überholt hat. Zuletzt ins Bewusstsein getreten und im Recht verankert, hat sich die Menschenwürde mittlerweile vor alle Menschenrechte geschoben. Sie ist zum obersten Gebot der Moral sowie vieler Verfassungen und internationaler Vereinbarungen geworden. Verletzungen der Menschenwürde wie Folter, Sklaverei, Zwangsarbeit und Erniedrigung sind global geächtet, wenn auch noch nicht vollständig verschwunden.

Wie ist es zu dieser erstaunlichen Erfolgsgeschichte der Menschenwürde gekommen? Wieso taucht die Einsicht in die Menschenwürde erst so spät auf? Und warum hat die Menschenwürde diese besondere Stellung? Was ist überhaupt die Menschenwürde? Und wodurch wird sie verletzt? Schließlich: Welche Folgerungen ergeben sich aus ihr für Anwendungen in Moral und Recht wie die staatliche Folter zur Rettung von Geiseln oder die lebenslange Freiheitsstrafe? Der bemerkenswerte Siegeslauf der Menschenwürde weist den Weg zur Beantwortung dieser Fragen.

I. Einleitung

Wort und Begriff der Würde erscheinen im Gegensatz zu vielen anderen Worten und Begriffen der Ethik nicht schon in der griechischen, sondern erst in der römischen Antike, und zwar in dem lateinischen Ausdruck «dignitas». Dieser bezeichnete die Würde als *äußere, veränderliche Eigenschaft* der herausgehobenen *sozialen, vor allem politischen Stellung*, etwa die Würde eines römischen Konsuls, Senators oder Patriziers; also den besonderen sozialen Rang einer Person und dann auch das entsprechende *Verhalten* sowie die erwartete *Behandlung* durch andere. Cäsar behauptete etwa gegenüber dem Senat, den römischen Bürgerkrieg um die eigene *dignitas* zu führen (vgl. Raaflaub, Dignitatis contentio).

Cicero versteht die *dignitas* dann an einer Stelle nicht mehr im Sinn einer äußeren sozialen Stellung, sondern im Sinne einer *inneren, im Kern unveränderlichen, allgemeinen Eigenschaft* des Menschen. In den folgenden Jahrhunderten wurde dieser anspruchsvollere Begriff der Menschenwürde vor allem durch die christliche Philosophie und Theologie gefestigt. Anders als der Begriff der Menschenrechte ist der Begriff der Menschenwürde dann in der Neuzeit zunächst nicht im angelsächsischen und französischen Denken bedeutsam geworden, sondern in der italienischen Renaissance sowie in Deutschland bei Samuel von Pufendorf und insbesondere Immanuel Kant.

Auch die politische und rechtliche Entfaltung des Menschenwürdebegriffs setzte sehr spät ein. In den klassischen Menschenrechtserklärungen des 18. und 19. Jahrhunderts war die Menschenwürde noch nicht enthalten. Sie erscheint in rechtlichen Texten erst am Beginn des 20. Jahrhunderts, und zwar zunächst nur vereinzelt und kaum wirkungsmächtig, etwa in der *Weimarer Verfassung des Deutschen Reichs* von 1919 und in der *Verfassung der Republik Irland* von 1937. Die Menschenwürde gewinnt eine herausragende politische und rechtliche Bedeutung erst durch ihre Voranstellung in der *Charta der Vereinten Nationen* von 1945 und der *Allgemeinen Menschenrechtserklärung* der UN von 1948 sowie für Deutschland außer in der Widerstandsbewegung des Kreisauer Kreises 1943/44 und in einzelnen Landesverfassungen vor allem in Artikel 1 Absatz 1 des deutschen *Grundgesetzes* (GG) von 1949: «Die Würde des Menschen ist unantastbar. Sie zu achten und zu schützen ist Verpflichtung aller staatlichen Gewalt.»

Katalysator für den politischen und rechtlichen Siegeszug des Menschenwürdebegriffs kurz vor und nach 1945 waren also vor allem die *Erfahrungen mit den großen staatlichen Verbrechen des 20. Jahrhunderts*, insbesondere denen des Nationalsozialismus und des Kommunismus. Seitdem ist die Menschenwürde in viele Verfassungen sowie regionale und internationale Pakte und Deklarationen aufgenommen worden. Mit Artikel 1 der *Charta der Grundrechte der Europäischen Union* von 2000 hat sie auch in der Europäischen Union die Spitzenstellung in der Normhierarchie errungen.

Sowohl die Geistes- als auch die Rechts- und Verfassungsgeschichte der Menschenwürde unterscheiden sich im späten Bewusstwerden und der spät erreichten Vorrangstellung also fundamental von derjenigen der einzelnen Menschenrechte – was nicht selten verkannt wird. Ohne diesen anderen geschichtlichen Hintergrund lässt sich die Menschenwürde nicht richtig verstehen. Deshalb wird dieser zunächst skizziert (Kap. II). Dann werden einzelne gegenwärtige Interpretationen der Menschenwürde untersucht (Kap. III). Der letzte Teil des Buches ist aktuellen und umstrittenen Fragen der Anwendung der Menschenwürde gewidmet (Kap. IV).

Wesentliches Ergebnis dieses Buches ist: Man muss zwischen wenigstens vier (Teil-)Begriffen der Menschenwürde unterscheiden: einer «*großen*», einer «*kleinen*», einer «*mittleren*» und einer «*ökonomischen*» Würde. Bei der *großen* Menschenwürde handelt es sich um eine *nichtkörperliche, innere, im Kern unveränderliche, notwendige und allgemeine Eigenschaft des Menschen*, wie sie in einer ersten, noch wenig reflektierten Form bei

Cicero auftauchte, vor allem vom Christentum weitergetragen und dann nach ersten Ansätzen in der italienischen Renaissance insbesondere von Kant als *Selbstgesetzgebung* bzw. *Selbstbestimmung* konkretisiert wurde. Diese große Menschenwürde lässt sich – so der hier unterbreitete Vorschlag – am besten *als Selbstbestimmung über die eigenen Belange* verstehen. Mit der *kleinen* Menschenwürde ist dagegen die *nichtkörperliche, äußere, veränderliche Eigenschaft* der *wesentlichen sozialen Stellung und Leistung* eines Menschen gemeint, wie sie auf eine herausgehobene soziale Position eingeschränkt bereits mit dem lateinischen Ausdruck *dignitas* bezeichnet wurde. Als Grenzfall der kleinen Würde kennt man seit Pufendorf noch eine *mittlere* Würde. Auch sie bezieht sich auf die *äußere Eigenschaft der wesentlichen sozialen Stellung* der Menschen, betont aber die *natürliche und damit im Prinzip unveränderliche Gleichheit* dieser sozialen Stellung aller Menschen. Schließlich forderten im 19. Jahrhundert insbesondere Vertreter der sozialistischen Bewegung ein «menschenwürdiges Dasein». Damit wurde die Verwirklichung ökonomischer bzw. materieller Voraussetzungen der Menschenwürde verlangt. Man kann insofern abkürzend von einer *«ökonomischen»* Würde sprechen, genauer von einer *«ökonomischen Würdebedingung»*. Alle vier Teilbegriffe der Menschenwürde haben eine Gemeinsamkeit: Es handelt sich jeweils um eine Bezugnahme auf eine *nichtkörperliche Eigenschaft des Menschen*. Auf dieser Gemeinsamkeit bauen dann die erwähnten Unterschiede auf.

II. Geschichte der Bewusstwerdung der Menschenwürde

Das späte Auftauchen der Würde im lateinischen Wort und Begriff *dignitas* hat verschiedentlich dazu geführt, der griechischen Antike die begriffliche Erkenntnis und den Schutz der Menschenwürde gänzlich abzusprechen. Das bedarf allerdings einer genaueren Betrachtung und gewissen, nicht unwesentlichen Einschränkung.

1. Griechische Antike

Das griechische Denken kennt viele Begriffe für *nichtkörperliche, innere Eigenschaften* des Menschen, etwa die klassischen Kardinaltugenden der Besonnenheit (*sophrosyne*), Tapferkeit (*andreia*), Klugheit (*phronesis*) und Gerechtigkeit (*dikaiosyne*). Aber alle diese inneren Eigenschaften des Menschen sind *veränderlich* und damit *zufällig*. Der Mensch kann mehr oder minder besonnen, tapfer, klug oder gerecht sein. Auch die von Aristoteles erwähnte *Großherzigkeit* bzw. *Größe der Seele* (*megalopsychia*, Nikomachische Ethik 1123a38 ff.) ist zwar eine nichtkörperliche, innere Eigenschaft des Menschen, jedoch wandelbar und somit zufällig. Im griechischen Denken findet sich also soweit ersichtlich in der Tat kein Begriff für eine *nichtkörperliche, innere, im Kern unveränderliche* und *notwendige* Eigenschaft des Menschen, welche der großen Menschenwürde entsprechen würde.

Allerdings ist dies erst die halbe, vorläufige Wahrheit zu diesem Thema. Man muss sich fragen, ob ein solcher Begriff im Rahmen des griechischen Begriffssystems überhaupt möglich und notwendig war. Dies wäre etwa dann nicht der Fall gewesen, wenn ein anderer Begriff den Raum des Begriffs der Menschenwürde vollständig umfasst und damit eingenommen hätte.

Dann hätte es zwar keinen exakt umfangsgleichen Begriff der Menschenwürde im griechischen Denken gegeben, aber einen anderen Begriff, der seine Aufgabe und Bedeutung miterfüllt hätte.

Eigenschaften sind immer Eigenschaften *von Etwas*. Dieses Etwas ist ein *Zugrundeliegendes*, griechisch: ein *hypokeimenon*, eine *ousia* bzw. dann lateinisch: eine *substantia*. Und die klassischen griechischen Philosophen des 5. und 4. Jahrhunderts v. Chr., Sokrates und Platon, sowie abgeschwächt auch Aristoteles, nahmen – im Anschluss an Vorläufer wie die Orphiker und Pythagoreer – an, dass der Mensch notwendig ein solches inneres und wenigstens in seinem Grundbestand unveränderliches *Zugrundeliegendes*, eine *Substanz* ist bzw. hat: *seine individuelle Seele*, seine *psyche*, die sich nach seinem Tod von seinem Körper löst und – zumindest für Sokrates und Platon – unsterblich ist (Platon, Phaidon, vgl. Rohde, Psyche II, S. 1 ff., Bremmer, The Early Greek Concept of the Soul).

Platon schildert in seinem Dialog «Phaidon», wie Sokrates kurz vor seinem Tod im Gefängnis die menschliche Seele als weit wertvoller als den Körper einschätzt und ihre Unsterblichkeit zu beweisen sucht. Der Verlust des Körpers sei nicht zu bedauern, denn der Körper korrumpiere mit seinen Neigungen und Lüsten nur die Reinheit der unsterblichen Seele (65b7 ff.). Die Seele ist also nach dieser platonisch-sokratischen Auffassung das innere, in seinem Kern unveränderliche und notwendig Zugrundeliegende (die Substanz) des Menschen und damit sein Wesentliches und Wertvollstes. Die Seele wird durch göttliche Macht in einen geeigneten menschlichen Körper gelegt (Timaios 69a–72d).

Diese Auffassung vom Menschen hatte entscheidende praktische Folgen: Der Mensch lebt nach Platon nur dann gut und richtig, wenn er seine Seele bildet und pflegt (Apologie 30b1 f., 29d6 ff.; Timaios 90c; Gorgias 526d4 f.; Politeia 591c1 ff.; Alkibiades I 132c f.). Während der Kern der Seele unveränderlich ist, kann sie in ihren Lebensformen verbessert oder verschlechtert werden. Wesentlich für das gute Leben ist die Entfaltung einer guten Seele, insbesondere durch Voranschreiten in der

Selbsterkenntnis. Nur vor diesem Hintergrund ist die berühmte Auffassung Sokrates' und Platons verstehbar, dass man besser von anderen Unrecht erleide, als selbst Unrecht zu tun (Gorgias 475e5 ff.): Unrecht von anderen zu erleiden, beeinträchtigt nur äußere Güter. Selbst Unrecht zu tun, schädigt dagegen die eigene Seele, welche das Wesentliche und Wertvollste des Menschen ist.

Der Begriff der Seele ist nun in beschreibender Hinsicht – das ist für unsere Frage entscheidend – *wesentlich fundamentaler und gehaltvoller* als der Begriff der Menschenwürde, denn die Seele ist nicht nur eine *Eigenschaft* des Menschen unter anderen, sondern sein *Zugrundeliegendes*, seine *Substanz*, sein *Wesen*. Damit bestand aber im klassischen griechischen Denken für den eingeschränkteren Begriff der Menschenwürde als bloßer Eigenschaft kein Bedarf. Es ergab sich keine Notwendigkeit, die Achtung und den Schutz der Menschenwürde zu gebieten, weil die Pflicht zu Achtung und Schutz der Seele als Substanz viel umfassender und fundamentaler war bzw. so angesehen wurde – wobei sich diese Pflicht allerdings erst einmal an den jeweiligen Träger der Seele selbst richtete.

Die Bedeutsamkeit der Seele für die politische Gemeinschaft zeigt sich in Platons Hauptwerk «Politeia» an vielen Stellen: Die Suche nach der gerechten Seele und dem gerechten Staat wird als analog angesehen (368e2 f., 435b4 ff.). Ob in den Seelen Gold, Silber oder Erz liegt, ist wesentlich für die Fähigkeit zur individuellen Fortentwicklung und zur politischen Herrschaft (415a1 ff.). Die staatliche Erziehung soll vor allem der Bildung der Seele dienen (518c7 ff.). Der Tyrann wird als tyrannische Seele charakterisiert, die vom Eros beherrscht wird und unfrei ist (573d2 ff., 577eff.). Und das Buch endet wie schon Platons Dialog «Gorgias» mit einem Mythos der unsterblichen Seele (613e5 ff.). Für Platon war also die individuelle Seele des Menschen so fundamental, dass die politische Gemeinschaft in wesentlicher Hinsicht von ihr abhing und ihrer Förderung und ihrem Schutz zu dienen bestimmt war. Die Menschenwürde als innere Eigenschaft des Menschen war damit als bloßes «Minus» quasi immer mitumfasst und konnte bzw. musste gar nicht begrifflich verselbständigt werden. Die eingangs geschilderte Frage an das Denken der griechischen Antike lässt sich also so beantworten: Es gab im griechischen Denken zwar keinen Begriff von der Eigenschaft der Menschenwürde, welcher zum Begriff der großen Menschenwürde umfangsgleich gewesen wäre. Aber es gab den umfangreicheren und ontologisch fundamentaleren Begriff der menschlichen Seele als Zugrundeliegendes, der – so kann man annehmen – die Aufgabe des Begriffs der Menschenwürde zumindest in gewissem Maße miterfüllen konnte.

Bei den Denkern nach Platon wird dieser substantielle Seelenbegriff dann Stück für Stück eingeschränkt. Schon Aristoteles versteht die Seele stärker empirisch-naturwissenschaftlich und weniger metaphysisch-ontologisch. Er kennt zwar noch eine individuelle Seele, aber diese wird eher als biologisches Steuerungszentrum des Körpers, als bewegende Kraft, als Ursache des Lebens aufgefasst (Über die Seele 412a6ff.). Aristoteles dachte die Seele zwar noch individuell und notwendig, aber zwischen Körper und Seele nahm er keine Trennung mehr an. Er glaubte an die Unvergänglichkeit des unpersönlichen Geistes, des *nous*, jedoch wohl nicht an diejenige der individuellen Seelenteile. Auch praktisch bedeutsam wird bei Aristoteles die Seele für das Handeln der Polis nicht mehr. Wesentlich ist für den Menschen vielmehr die Eigenschaft, ein politisches Wesen, ein *zoon politikon*, und ein denkendes sowie sprachliches Wesen, ein *zoon logon echon*, zu sein. Im Hinblick auf die Rechtfertigung und Bedeutung politischen Handelns schieben sich bei Aristoteles die individuellen, veränderlichen Tugenden auf der einen Seite sowie die ebenfalls veränderlichen staatlichen Institutionen auf der anderen Seite in den Vordergrund.

Platons und Aristoteles' Lehren wurden nach ihrem Tod durch ihre Schulen, die sog. *Akademie* und den *Peripatos*, weitergeführt. Ab etwa 300 v. Chr. entwickelten sich dann aber zwei neue philosophische Schulen in Athen, die stärker den Körper und dessen Sinne in den Vordergrund stellten: der *Epikureismus* und die *Stoa*. Für Epikur und seine Schüler zählten vor allem Lust und Leid. Das Bestehen einer individuellen Seele nahm er nicht mehr an. Die um 300 v. Chr. von Zenon von Kition begründete Stoa kannte zwar zumindest zu Beginn noch eine Seele, aber deren Substantialität und Individualität wird doch erheblich vermindert aufgefasst. Sie wird stärker körperlich und überindividuell verstanden und soll den Leib in Gestalt der feurigen Luft, des feurigen Pneumas durchdringen. Nach dem Tod soll die Seele nach Meinung der älteren Stoiker den Körper verlassen, eine Kugelgestalt annehmen und schließlich vergehen (Pohlenz, Die Stoa, S. 85 ff.). Panaitios von Rhodos, ein späteres Haupt der stoischen Schule, war sogar der Auffassung, dass die Seele den Tod des individuellen Menschen nicht überdauere (Cicero, Gespräche in Tusculum I, 79). Dies ist die sehr vielgestaltig gewordene geistige Situation des griechischen Denkens, in welcher der Römer Marcus Tullius Cicero seine Schriften verfasst hat.

2. Marcus Tullius Cicero

Cicero war ein römischer Rhetor, Politiker, Schriftsteller und Philosoph. Er verstand sich selbst nicht als Mitglied einer der griechischen Philosophenschulen. Er war ein aus vielen Quellen schöpfender Bewunderer und Eklektiker der mannigfaltigen griechischen Gedankenwelt. Der Begriff der *dignitas* findet sich bei ihm – bis auf eine wesentliche Ausnahme – im Sinne des altrömischen Verständnisses der kleinen Würde der *besonderen sozialen Stellung* (z. B. De officiis I, 68, 130; De re publica I, 27, 43).

Der Begriff der *dignitas* war in der römischen Kultur ein politischer und gesellschaftlicher Zentralbegriff. Er bedeutete auf Menschen bezogen die nichtkörperliche, äußere, veränderliche und damit zufällige Eigenschaft einer bestimmten herausgehobenen sozialen Stellung, eines Rangs bzw. einer Position, etwa der besonderen Stellung eines einzelnen Würdenträgers, z. B. eines Senators, Konsuls oder Patriziers, aber auch das mit dieser sozialen Stellung verbundene *Verhalten* des Auftretens, der Ausdrucksweise, der Lebensführung sowie die daraus resultierende spezielle Behandlung durch andere (Pöschl, Der Begriff der Würde im antiken Rom und später, S. 20f.). Man kann diese Ausgangsbedeutung von *dignitas* als herausgehobener sozialer Stellung mit «Ehre», «soziale Geltung» oder «soziales Prestige» übersetzen. Sie bezieht sich auf eine Eigenschaft, die eine sittliche Forderung sowohl an den Würdenträger selbst als auch an seine Mitbürger enthält (Drexler, Dignitas, S. 243, 245). Es handelt sich um eine eingeschränktere Bedeutung der kleinen Würde, der äußeren, wesentlichen sozialen Stellung, die bis heute auch mit dem Begriff der Würde verbunden wird, wenn wir etwa von der Würde eines Staatsoberhaupts, der Würde eines Richters oder der Würde eines Kaufmanns sprechen. Diese Würde hängt vom eigenen und fremden sozialen Handeln ab und wird mit diesem vermehrt oder vermindert, ja sogar erst gänzlich erworben oder auch gänzlich verloren. Sie ist regelmäßig mit inneren, aber gleichfalls veränderlichen Gefühlen und Bewertungen verbunden, etwa einem gewissen Selbstwertgefühl.

Diese alte römische *dignitas* bzw. Würde war bereits Würde des Menschen, allerdings mit zwei wesentlichen Einschränkungen. Sie war Würde nur im Sinne der *kleinen Würde*, weil sie sich ausschließlich auf die *veränderliche wesentliche soziale Stellung* der Menschen bezog. Und sie betonte zunächst nicht die Allgemeinheit der Menschenwürde, sondern im Gegenteil deren gesellschaftliche *Besonderheit*: die Herausgehobenheit des Trägers. Deshalb lag es nicht nahe, von der «*dignitas hominis*», der «Würde des Menschen» zu sprechen, weil man ja bei jedem Gebrauch des Wortes immer sogleich angeben musste, worin denn nun die solchermaßen behauptete *besondere soziale Stellung* des herausgehobenen einzelnen Menschen bestand.

Nur an einer einzigen Stelle in Ciceros Schrift «De officiis» nimmt – soweit ersichtlich – der Begriff der *dignitas* eine ganz andere Bedeutung an, und zwar zum ersten Mal eine Bedeutung, die schon in rudimentärer Form die große Menschenwürde bezeichnet. Cicero ist in der Schrift «De officiis» in starkem Maße den griechischen Stoikern gefolgt, allerdings – wie er selbst sagt – nicht als Übersetzer, sondern indem er aus ihnen als Quellen schöpft, und zwar «nach Urteil und Wahl so viel es ihm zweckmäßig erscheint» (I, 6). Dabei sind vermutlich vor allem Schriften des bereits erwähnten Panaitios von Rhodos wichtig gewesen, denn dieser wird sofort nach der soeben zitierten Stelle ausdrücklich genannt. Cicero erwähnt in «De officiis» aber nicht, welches Buch des Panaitios er herangezogen hat. Nach einer Selbstauskunft in einem Brief an seinen Freund Atticus ist dies hauptsächlich die Schrift «Peri tu kathekontos/Über das Angemessene bzw. Pflichtgemäße» (Sammlung der Briefe Buch 16, Brief 11, Abschn. 4). Da diese Schrift allerdings wie alle anderen Schriften des Panaitios verloren ist, lässt sich nicht mit Sicherheit sagen, wie stark sich Cicero an Panaitios' Gedanken angelehnt hat, ob also einzelne Textabschnitte bloße Übersetzungen, Paraphrasen oder vielmehr eigene Gedanken Ciceros sind.

Die soweit ersichtlich einzige Stelle, an der Cicero den Ausdruck *dignitas* nicht im Sinne der äußeren, veränderlichen sozialen Stellung, sondern zumindest ansatzweise im Sinn der großen Würde auffasst, steht im Zusammenhang mit der Erörterung der vierten und letzten der Kardinaltugenden, der Tugend der Mäßigkeit (*temperantia et modestia*, De officiis I, 93), also eines klassischen Themas, das seit Platon sehr viele Philosophen behandelt haben. Die entscheidenden Sätze lauten (I, 105, 106): «Aber es gehört zu jeder Untersuchung des pflichtgemäßen Handelns, immer vor Augen zu haben, wie sehr die Natur des Menschen das Vieh und die übrigen Tiere übertrifft; jene empfinden nichts als Vergnügen, und auf dieses stürzen sie sich mit aller Kraft, der Geist des Menschen aber wächst durchs Lernen und Denken, er erforscht immer irgendetwas, handelt oder lässt sich durch die Freude am Sehen und Hören leiten. … (106). Daraus sieht man, dass körperliches Vergnügen der erhabenen Stellung des Menschen nicht genug *würdig* ist und verschmäht und zurückgewiesen werden muss, … wenn wir bedenken wollen, eine wie überlegene Stellung und *Würde* in unserer Natur liegt, dann werden wir einsehen, wie schändlich es ist, in Genusssucht sich treiben zu lassen und verzärtelt und weichlich, und wie ehrenhaft andererseits, sparsam, enthaltsam, streng und nüchtern zu leben.» («Ex quo intellegitur corporis voluptatem non satis esse *dignam* hominis praestantia eamque contemni et reici oportere, … Atque etiam, si considerare volemus, quae sit in natura <nostra> excellentia et *dignitas*, intellegemus, quam sit turpe diffluere luxuria et delicate ac molliter vivere, quamque honestum parce, continenter, severe, sobrie.» – Hervorhebungen DvdP)

Die Würde wird hier also mit der menschlichen *Natur* in Verbindung gebracht und auf diese Weise als eine im Kern unveränderliche, notwendige und allgemeine Eigenschaft des Menschen verstanden, denn unsere Natur wird selbst als unveränderlich und notwendig aufgefasst. Da diese Eigenschaft keine äußere ist, muss es sich um eine innere Eigenschaft handeln. Es ist ganz deutlich, dass der Begriff der Natur hier in ontologisch reduzierter Form die Aufgabe des klassischen Begriffs der Seele übernimmt. Kurz vor der soeben zitierten *dignitas*-Stelle führt Cicero auch die Pflicht an, gemäß der Natur zu leben (I, 100). Chrysipp, ein Schuloberhaupt der Stoa, hatte diese Pflicht besonders hervorgehoben (v. Arnim, Svf III, 4). Allerdings spricht Cicero dann gleich danach nicht nur von der Natur, sondern auch von der *Bewegung der Seele* (*anima*) und der *Natur der Seele* (I, 101), bindet den ontologisch weniger anspruchsvollen Begriff der Natur also an den ontologisch anspruchsvolleren und für den Menschen fundamentaleren Begriff der Seele zurück, wie er von Sokrates, Platon und Aristoteles entwickelt worden ist. Ob in Panaitios' Werk hier auch von der Seele die Rede war, muss ebenso offen bleiben wie die Frage, ob Cicero an der erwähnten *dignitas*-Stelle Panaitios wiedergibt, ihn interpretiert oder vielmehr einen ganz eigenen Gedanken formuliert.

Vereinzelt wird versucht, die Menschenwürde direkter auf Gedankengut der Stoa zurückzuführen. Maximilian Forschner verweist auf eine bei Stobaeus überlieferte altstoische, also nicht von Panaitios stammende Unterscheidung innerhalb der indifferenten Güter bzw. Werte (Forschner, Marktpreis und Würde oder vom Adel der menschlichen Natur, S. 48). Danach soll es einen spezifischen Wert geben, der den gleichgültigen Dingen (den *adiaphora*) nicht zukommt, sondern nur den sittlich guten Dingen (v. Arnim, Svf III, 125). Dieser Wert wird als *axioma* bezeichnet, was Forschner mit «Würde» übersetzt.

Bereits diese Übersetzung ist aber nicht zwingend, weil das Bedeutungsfeld des griechischen *axioma* viel unspezifischer war: Es meinte vor allem Ehre, dann aber auch Wert, Wertschätzung, Achtung, Ansehen, Machtstellung. Bei den Stoikern nahm das Wort auch schon eine Bedeutung an, die der heutigen Bedeutung von «Axiom» ähnelt, nämlich «wahrheitsfähiges Urteil» (Pohlenz I, S. 48). Weder heutige Übersetzungen von «axioma» mit «Würde» noch eindeutige Anhaltspunkte stützen jedenfalls die Behauptung, Cicero habe an der oben zitierten, entscheidenden Stelle «De officiis» I, 105 f. das griechische Wort *axioma* bei Panaitios mit dem lateinischen *dignitas* «übersetzt» (so aber Tiedemann, Menschenwürde als Rechtsbegriff, S. 121, und Schaber, Menschenwürde, S. 21). Cancik weist überdies darauf hin, dass sich die Zusammensetzung *axioma anthropou*, also die Bezugnahme von *axioma* auf den Menschen, nirgends in den Fragmenten der Stoiker findet (‹Dignity of Man›, S. 22). Somit kann keinesfalls auf tragfähiger textlicher Grundlage behauptet werden, der Begriff der Menschenwürde sei zum ersten Mal in der Stoa «aufgetaucht», denn Cicero war zwar gelegentlich durch die Stoa beeinflusst, aber es finden sich bei ihm auch platonische, aristotelische und andere intellektuelle Einflüsse.

Inhaltlich wird die große Würde in dem angeführten Cicero-Zitat zunächst ausschließlich als Grundlage für die Pflicht zur Führung des *eigenen tugendhaften Lebens* ins Feld geführt. Es wird jedoch nicht versucht, mit Hilfe der Menschenwürde das Handeln *anderer* oder der *politischen Gemeinschaft* zu begrenzen. Ciceros Begriff der inneren Würde ist also noch viel enger als der heutige, denn zentral für den modernen Begriff der Menschenwürde ist gerade die praktische Dimension der Verpflichtung anderer, vor allem der politischen Gemeinschaft. Immerhin ergeben sich bei Cicero zum ersten Mal Ansätze zu einer zweifachen Bedeutung von *dignitas*:

Würde (dignitas)

im Kern unveränderliche, innere, notwendige, allgemeine Eigenschaft = «große Menschenwürde»	veränderliche, äußere, zufällige, wichtige soziale Stellung: Rang/Ehre/Geltung/Prestige = «kleine Menschenwürde» (eingeschränkt)

Ciceros neues Verständnis des *dignitas*-Begriffs im Sinne der großen Menschenwürde bleibt an der erwähnten Stelle ohne explizite Begründung. Allerdings kann man im nachfolgenden Absatz eine Begründung sehen. In diesem Absatz behauptet Cicero, dass uns die Natur mit zwei Aspekten der Person (*persona*) ausgestattet hat: Der eine Aspekt besteht in der Teilhabe an der Vernunft und des Vorzugs vor den Tieren, von dem sich alles Ehrenhafte und Schickliche ableiten soll, der andere Aspekt in der individuellen Ausstattung des Einzelnen. Bei dieser individuellen Ausstattung spricht Cicero nicht nur vom Körper sowie der Erscheinung, sondern auch von der Seele und erwähnt die *dignitas* noch einmal, wenn auch im Zusammenhang von Verschiedenheiten der Form.

Beim ersten Aspekt handelt es sich wohl um das überindividuelle Weltgesetz, den auch von der Stoa vertretenen Geist bzw. *logos*, der alles lenkt und nicht zuletzt die Natur des Menschen bestimmt. Und so könnte man vielleicht annehmen, dass Cicero dieses externe, vernünftige Weltgesetz als Begründung der unveränderlich verstandenen *dignitas* angesehen hat. Dies wäre dann aber eine *äußere* Rechtfertigung.

Beim zweiten Aspekt findet sich aber immerhin eine Bezugnahme auf die *individuelle Seele*. Auch darin kann man eine Rechtfertigung sehen, und zwar diesmal eine *innere* Rechtfertigung. Möglich erscheint also auch eine *interne*, auf die substantielle menschliche Seele gestützte Begründung. Man sollte sich in diesem Zusammenhang vor Augen führen, dass Cicero seine zentrale politische Schrift «De re publica» ähnlich wie Platon sein Buch «Politeia» mit dem Traum des Scipio von einer unsterblichen Seele enden ließ (VI, 26–28). Und in den «Gesprächen in Tusculum» vermutet er, wenn auch nicht ohne Zweifel, eine Unsterblichkeit der Seele (I, 27, 66). Damit setzte er sich in diametralen Gegensatz zu der oben erwähnten Negierung einer unsterblichen Seele durch den Stoiker Panaitios von Rhodos.

Man kann zusammenfassen: Der Beginn des Menschenwürdebegriffs im Sinne der großen Würde war bei Cicero zunächst nur ein kleiner, fast zufälliger Anfang, ein Anfang nebenbei, der ohne genauere Begründung, ohne systemtragende Funktion und ohne konsistente Begriffsverwendung sowie ohne weitere Folgen in seinem Werk blieb. Soweit erkennbar hat auch keiner der römischen, nichtchristlichen Denker nach Cicero dessen neues Verständnis des Wortes *dignitas* in signifikanter Weise aufgenommen, etwa Seneca nicht, bei dem man es am ehesten erwartet hätte. Boethius spricht an einer Stelle wohl eher von der kleinen Würde der sozialen Stellung, wenn er die Menschen davor warnt, ihre Würde unter das Unterste herabzustoßen (Trost der Philosophie 2, 5, 81, S. 70). Die gelegentlich geäußerte Vermutung, der Begriff der Menschenwürde stamme jenseits von Cicero aus der Stoa, bleibt ohne textlichen Beleg und ist bei unserem gegenwärtigen Erkenntnisstand deshalb nicht aufrechtzuerhalten.

Angemerkt sei an dieser Stelle noch, dass Ciceros Werk «De officiis» später für das deutsche Wort «Würde» Bedeutung erlangt hat: 1488 wurde in der ersten deutschen Übersetzung (Augsburg, gedruckt von Hans Schobser) das lateinische «dignitas» mit «wirdikait» wiedergegeben. 1531 heißt es dann in einer Übersetzung «wirde» (Augsburg, hg. v. Johann v. Schwarzenberg).

3. Christliche Denker

Das Christentum hat die antike Annahme einer individuellen, unsterblichen Seele als Substanz bzw. Wesen des Menschen zum zentralen Element seiner Anthropologie und Theologie erhoben. Der Kreuzestod Jesu dient der Rettung der Seele. Das Seelenheil ist wesentliches Ziel des christlichen Lebens. Der Priester ist «Seelsorger». Gleichzeitig haben die frühen christlichen Denker Ciceros neuartige Auffassung von der *dignitas* als einer im

Kern unveränderlichen, inneren Eigenschaft des Menschen, also der großen Menschenwürde, aufgenommen oder vielleicht auch wiedererfunden (welches eher zutrifft, lässt sich mangels erkennbarem ausdrücklichem Verweis auf «De officiis» I, 105 f., kaum entscheiden). Der wesentliche Schritt der christlichen Denker bestand darin, beide Annahmen zu *vereinen*, also die Annahme einer substantiellen Seele des Menschen mit der im Kern unveränderlichen, inneren Eigenschaft der Menschenwürde in sehr viel klarerer Weise zu verbinden, als Cicero dies getan hat, bei dem ja noch der Begriff der «Natur» dazwischengeschoben war. Die Seele als Substanz wird der unveränderlichen, inneren Eigenschaft der *dignitas* quasi «unterlegt». Auf diese Weise wird die große Menschenwürde als Ausprägung der menschlichen Seele verstanden. Das bei Cicero noch erwähnte Zwischenglied der «Natur» tritt dagegen tendenziell zurück, wenn auch noch nicht sofort:

Den Dreischritt Seele-Natur-Würde verdeutlicht etwa noch eine frühe Stelle bei Gregor von Nyssa (335–394): «Die Seele zeigt ihr von der gemeinen Niedrigkeit geschiedenes königliches und erhabenes Wesen schon darin, dass sie unabhängig und selbständig ist, nach eigenen Entschlüssen selbstmächtig waltend. Wem sonst ist dies eigen wenn nicht einem König? Die Ebenbildlichkeit mit der über alles herrschenden göttlichen Natur besteht in nichts anderem, als dass unsere Natur als Königin geschaffen wurde. Die Verfertiger von Fürstenbildern ahmen die Gestalt des Königs nach und deuten durch den Umwurf die königliche Würde an. So ward auch die menschliche Natur, als sie zur Herrschaft über alles andere ausgestattet wurde, durch ihre Ähnlichkeit mit dem König des Alls als lebendiges Bild aufgestellt, das mit dem Urbild sowohl die *Würde* wie den Namen gemein hat.» (Abhandlung über die Ausstattung des Menschen/De hominis opificio, Kap. 4, Übersetzung nach Pöschl, Der Begriff der Würde, S. 44; Hervorhebung DvdP.)

Auch Augustinus hat die Seele mit der Würde verknüpft, etwa in der Schrift «Über die Dreieinigkeit/De Trinitate»: «[...] so ist die menschliche Seele, wenngleich ihr Verstand und ihre Vernunft bald betäubt, bald klein, bald groß erscheint, niemals ohne Verstand und Vernunft; wenn sie daher nach dem Bilde Gottes geschaffen ist, sofern sie ihren Verstand und ihre Vernunft zur Erkenntnis und zur Schau Gottes gebrauchen kann, so ist in der Tat vom ersten Augenblick an, in dem diese so große und wunderbare Natur zu sein anfing, das Bild Gottes, mag es so verbraucht sein, dass es beinahe nicht mehr ist, mag es verdunkelt und entstellt sein, mag es hell und schön sein, immer vorhanden. Eben die Entstellung ihrer *Würde* beklagend sagt die Heilige Schrift: ‹Wenngleich der Mensch als Bild einhergeht, so verirrt er sich doch in Eitles; er sammelt Schätze und weiß nicht, für wen er sie sammelt.›» (Über die Dreieinigkeit/De trinitate, 14. Buch, 4. Kap., Abschn. 6; Hervorhebung DvdP.)

Die direkte Verbindung von Würde und Seelensubstanz betont dann das ins 5. oder 6. Jahrhundert zurückreichende und bis zum Zweiten Vatikanischen Konzil praktizierte Opfergebet der Heiligen Messe: «Gott, der Du die Würde der menschlichen Substanz in wunderbarer Weise begründet und noch wunderbarer erneuert hast [...] («Deus qui humanae substantiae dignitatem mirabiliter condidisti et mirabilius reformasti [...]») (Sacramentarium Leonianum, hg. von Mohlberg 1956, 157, Nr. 1239). Neben die Seelensubstanz und die menschliche Natur traten im Christentum noch wenigstens vier weitere Lehren zur Konkretisierung und Rechtfertigung der Menschenwürde: die *Erschaffung des Menschen durch Gott* (Genesis 1,1), die *Gottesebenbildlichkeit* als Maßstab dieser Schöpfung des Menschen (Genesis 1,27), die Annahme der *menschlichen Vernunft* als Ergebnis dieser Kreation des Menschen nach Gottes Maßstab, schließlich die *Freiheit* des Menschen als wesentlicher Aspekt menschlicher Vernunft.

Zu den beiden letzteren Lehren findet sich etwa bei Thomas v. Aquin folgende Stelle: «Indem er sündigt, verlässt der Mensch die Ordnung der Vernunft und fällt somit ab von der *Würde* des Menschen, sofern der Mensch von Natur aus frei und seiner selbst wegen da ist.» (Summa theologiae II–II. qu. 64, Art. 2 resp. ad 3; Hervorhebung DvdP.)

Mit der Unterlegung der unsterblichen Seele unter die Eigenschaft der Menschenwürde gaben die christlichen Denker auch zum ersten Mal eine *innere Begründung* für die große Menschenwürde. Allerdings bleibt diese innere Begründung nur eine *vorletzte und wird keine letzte*, denn die letzte Begründung für die menschliche Seele liegt für das Christentum nicht im einzelnen Menschen, sondern in Gott, in der Schöpfung der menschlichen Seele als vernünftiger, unsterblicher Substanz nach seinem Bilde.

4. Italienische Frührenaissance

Die italienische Frührenaissance rückte den Menschen ins Zentrum ihres Interesses. Neben der bildenden Kunst zeigen das die zunehmenden Abhandlungen über den Menschen mit dem Begriff der Menschenwürde oder vergleichbaren Begriffen im Titel, etwa Bartolomeo Facios kleiner Traktat «De excellentia et praestantia hominis» von 1447 und Giannozzo Manettis Schrift «De dignitate et excellentia hominis» von 1452. Ein wesentliches Ziel dieser frühen italienischen *dignitas*-Literatur war die Widerlegung der Auffassung Papst Innozenz' III. in «De miseria humanae conditionis» (1194/95) des irdischen menschlichen Lebens als bloßem Elend und Unwert auf Grund der Erbsünde. Für Facio und Manetti hat das irdische Leben des Menschen dagegen einen *positiven Wert*. Das Bild des Menschen wandelte sich also von einer pessimistischen zu einer *optimistischen Sicht*. Die Begründung verlässt allerdings noch kaum die religiös-metaphysischen Annahmen der christlichen Lehre. Die Menschenwürde wird wie in der Tradition auf die unsterbliche Seele, die Schaffung des Menschen durch Gott, die Gottesebenbildlichkeit sowie die menschliche Vernunft und Freiheit gestützt. So betont etwa Facio in seiner Schrift, dass die menschliche Seele von Gott nicht nur nach dem Bilde von Gottvater, sondern auch nach dem Bilde von Gottes Sohn und Heiligem Geist, also als Abbild der ganzen Dreifaltigkeit, geschaffen wurde und deshalb ihre Exzellenz und Würde besitze (S. 155).

Manetti ist weniger traditionell. Er behandelt in seinem Buch zunächst im ersten Teil den menschlichen Körper als schöne Schöpfung Gottes und als wertvolles Gefäß der noch wertvolleren Seele (I, 52), dann im zweiten Teil die Seele selbst als von Gott geschaffene und unsterbliche sowie unkörperliche Substanz bzw. Form (II, 20) mit ihren wesentlichen Eigenschaften des Verstandes, des Gedächtnisses und des freien Willens. Im dritten Teil wird der Mensch schließlich als Verbindung von Körper und Seele aufgefasst und sein Handeln sowie seine Werke erörtert. Manetti definiert den Menschen als Lebewesen, das teils sterblich, teils unsterblich ist (III, 3), und betont dessen Vorzüge und Fähigkeiten. Wesentliche Aufgabe des Menschen ist das Erkennen und Handeln (III, 45 f.). In diesem Teil taucht auch vereinzelt, aber ohne tragende Funktion der Begriff der *dignitas*, also der Würde, auf, und zwar vor allem zur Charakterisierung des Menschen als Ergebnis göttlicher Schöpfung (III, 11, 49, 57), also im Sinne der großen, unveränderlichen, inneren Würde. Gleiches geschieht im vierten Teil der Schrift, welcher der Widerlegung gegenteiliger Auffassungen gewidmet ist (IV, 73). Praktische Folgerungen werden aus der Würdebegabung aber nicht gezogen. Vergleicht man dies mit den spätantiken und mittelalterlichen christlichen Texten, so ist vor allem die *positive, optimistische Sicht* des Menschen und seiner irdischen Fähigkeiten und Entfaltungsmöglichkeiten des Erkennens und Handelns neu. Bestehen bleibt allerdings die christlich-metaphysische Auffassung vom Menschen als bestimmt durch seine von Gott geschaffene, substantielle und unsterbliche Seele.

5. Giovanni Pico della Mirandola

Giovanni Pico della Mirandola wird mit seiner «De hominis dignitate» («Über die Würde des Menschen») betitelten Rede von 1486 nicht selten als Ahnherr oder gar Erfinder der Menschenwürde angesehen. Allerdings ist diese Meinung aus verschiedenen Gründen problematisch: Zum Ersten taucht in der gesamten Rede der Ausdruck «*dignitas humana*» bzw. «*dignitas hominis*» kein einziges Mal auf. Pico hat also Wort und Begriff der *dignitas* mit Bezug auf den Menschen in diesem Text nicht verwendet, sondern wohl umgekehrt gerade *vermieden*. Nur einmal spricht er von der «*dignitas*» der Engel, der wir nacheifern sollen (S. 11). Man wird kaum annehmen können, dass dieses Fehlen des Wortes «*dignitas*» mit Bezug auf den Menschen angesichts der Texte von Facio und Manetti, die Pico wohl kannte, bloßer Zufall war. Zum Zweiten stammt der Titel der Rede gar nicht von Pico selbst. Erst zehn Jahre nach Picos Tod 1494 wurde er in einer Straßburger Ausgabe der Werke 1504 durch den Herausgeber Hyronimus Emser, einem katholischen Theologen und Priester, hinzugefügt. Pico hatte seinen Text ursprünglich einfach «Oratio» («Rede») überschrieben. Die Rede sollte eine Disputation von 900 Thesen Picos in Rom eröffnen. Diese 900 Thesen waren von Pico dazu gedacht, alle philosophischen und theologischen Schulen und Strömungen zu vereinen. Die 900 Thesen wurden allerdings von Papst Innozenz VIII. ebenso verboten wie deren Disputation und Picos Eröffnungsrede.

Die entscheidende Frage lautet deshalb: Warum hat der Herausgeber Hyronimus Emser diesen Titel gewählt, obwohl Pico Wort und Begriff der *dignitas* mit Bezug auf den Menschen weder im Titel noch im Text verwendet hat? Vielleicht wollte Emser durch die Betitelung mit dem christlich geprägten Begriff der *dignitas* kirchliche Zweifel an der Schrift zerstreuen oder die Schrift zumindest in die allgemein akzeptierte Gattung der *dignitas*-Literatur einordnen? Und warum hat Pico das Wort und den Begriff der *dignitas* mit Bezug auf den Menschen in seiner Schrift vermieden? Vielleicht weil er seine eigene, neue Vorstellung vom Menschen gerade unabhängig von den traditionellen, mit dem Begriff der *dignitas* verknüpften zentralen christlichen Dogmen der substantiellen und unsterblichen Seele, der Schaffung des Menschen durch Gott, der Gottesebenbildlichkeit, der von Gott gegebenen menschlichen Vernunft und der Freiheit halten wollte? Andernfalls wäre der Versuch einer Synthese aller Religionen und Philosophien, den Pico mit seinen Thesen im Rahmen der Disputation unternehmen wollte, von vornherein zum Scheitern verurteilt gewesen.

Wenn Pico in seiner «Oratio» Wort und Begriff der Menschenwürde weder im Titel noch im Text verwendete, dann lässt sich eine Bedeutsamkeit dieses Buches für die Entwicklung der Menschenwürde nur durch seinen sachlichen Inhalt rechtfertigen. Pico hat in der Rede – und nicht zuletzt das trug ihr wohl das kirchliche Verbot ein – neben der bereits bei Facio und noch stärker bei Manetti erkennbaren Konzentration auf den Menschen und dem positiven, optimistischen Bild des Menschen und seiner Fähigkeiten ein drittes, anthropologisches Element ins Zentrum gerückt: die *Offenheit jedes einzelnen Menschen für seine jeweils durch ihn selbst zu verantwortende Entwicklung*. Der Mensch kann entsprechend seiner eigenen Wahl und seines eigenen Verhaltens zu einem Tier herabsinken oder zu einem Gott hochsteigen. In einer fiktiven Rede lässt Pico Gott Folgendes zum Menschen sagen: «Weder haben wir dich himmlisch noch irdisch, weder sterblich noch unsterblich geschaffen, damit du wie dein eigener, in Ehre frei entscheidender, schöpferischer Bildhauer dich selbst zu der Gestalt ausformst, die du bevorzugst. Du kannst zum Niedrigeren, zum Tierischen entarten; du kannst aber auch zum Höheren, zum Göttlichen wiedergeboren werden, wenn dein Wille es beschließt» (S. 7).

Der Mensch trägt nach Pico Keime aller möglichen Lebewesen in sich. Es kommt darauf an, wie er sich selbst entwickelt: «Im Menschen sind bei seiner Geburt von Gottvater vielerlei Samen und Keime für jede Lebensform angelegt; welche ein jeder hegt und pflegt, die werden heranwachsen und ihre Früchte in ihm tragen. Sind es pflanzliche, wird er zur Pflanze, sind es sinnliche, zum Tier werden. Sind es Keime der Vernunft, wird er sich zu einem himmlischen Lebewesen entwickeln; sind es geistige, wird er ein Engel sein und Gottes Sohn. Wenn er sich nun, mit keinem Los der Geschöpfe zufrieden, ins Zentrum seiner Einheit zurückgezogen hat, wird er ein Geist mit Gott geworden, in der einsamen Dunkelheit des über allem stehenden Vaters alles überragen.» (S. 7)

Diese Idee einer Schöpfung des Menschen als offen für seine eigene Selbstentwicklung entspricht nun aber sicherlich nicht dem Verständnis der großen Menschenwürde als innerer, im Kern unveränderlicher Eigenschaft, wie sie über fünfzehnhundert Jahre von Cicero und den christlichen Denkern wie Thomas v. Aquin bis hin zu Facio und Manetti entwickelt worden war. Pico schweigt über die Substantialität, Unsterblichkeit und Gottesebenbildlichkeit der menschlichen Seele, mit der die Würde des Menschen in der christlichen Tradition verbunden wurde. An zwei für seine Konzeption des Menschen entscheidenden Stellen spricht Pico von «animus» statt von «anima» (S. 7, 11), also eher von «Willen, Lebenskraft» statt von «Seele». Und an einer anderen Stelle von der «bruta anima et sensualis» der Tiere bzw. der sich tierisch verhaltenden Menschen, also der Tier- und Sinnenseele (S. 9), welche in der christlichen Tradition gerade nicht die Menschenwürde begründete. Pico verdeutlicht damit, dass er eher einem weiteren und gleichzeitig weniger idealistischen Seelenverständnis zuneigte, wie es etwa Aristoteles vertreten hat. Dann ist es aber nur konsequent, dass er seiner Konzeption die im Kern unveränderliche Eigenschaft der großen Würde des Menschen gerade *nicht* zu Grunde legt und auch nicht erwähnt.

Worin kann dann Picos Bedeutung für den Begriff der Menschenwürde liegen? Pico hat das Programm einer Selbstvervollkommnung des Menschen propagiert und damit einen Aspekt dessen, was man später allgemeiner und fundamentaler «Autonomie» bzw. «Selbstbestimmung» des Menschen genannt hat. Aber er selbst hat diese Vorstellung radikaler menschlicher Selbstperfektionierung noch nicht mit dem Begriff der Menschenwürde verbunden. Erst der posthume Herausgeber der Schrift Picos, Hyronimus Emser, hat durch die eigene Wahl des neuen Titels eine erste, jedoch nur formale Voraussetzung für eine solche Verbindung durch spätere Leser geschaffen. Allerdings ist nicht erkennbar, dass diese Verbindung des traditionellen *dignitas*-Begriffs mit der Auffassung von der Selbstvervollkommnung des Menschen in den folgenden ein bis zwei Jahrhunderten von anderen Autoren aufgegriffen worden wäre. Pico hat aus seinem Menschenbild auch keine wesentlichen praktischen Folgerungen des guten Lebens oder gar der Ethik oder Politik gezogen. Man kann sich im Übrigen fragen, warum das von Pico angenommene Potential des Menschen zur Selbstentwicklung anderen Menschen eine Verbindlichkeit auferlegen soll. Ob Picos Konzept der Selbstperfektionierung wirklich so neuartig war (so Bayertz, Die Idee der Menschenwürde: Probleme und Paradoxien, S. 467), ist überdies in der Forschung umstritten. Kobusch hat etwa auf die Freiheitsvorstellungen in der Spätantike, vor allem bei Origines, als Vorläufer verwiesen (Die Würde des Menschen – ein Erbe der christlichen Philosophie). Schließlich darf nicht übersehen werden, dass Picos Programm der Selbstvervollkommnung – wie der Schluss des letzten längeren Zitats zeigt – in der mystisch-neuplatonischen Idee der Vereinigung des menschlichen Geistes, in der sog. *unio mystica*, mit Gott in dessen Einsamkeit und Dunkelheit gipfeln soll. Die Selbstbestimmung des Menschen ist also im letzten Ziel stark beschränkt und weicht insofern gerade wesentlich von der inneren Eigenschaft der freien Selbstbestimmung als der großen Menschenwürde ab.

Die Meinung, die Menschenwürde sei von Pico bzw. in der Renaissance «erfunden» worden (so Gröschner/Kirste/Lembcke (Hg.), Des Menschen Würde, entdeckt und erfunden im Humanismus der italienischen Renaissance; vgl. auch Bayertz), ist also bei näherem Hinsehen in dieser Einfachheit wenig überzeugend. Pico hat lediglich ein sehr radikales und spezifisches, mystisch-neuplatonisches Bild der möglichen und gebotenen Selbstvervollkommnung des Menschen gezeichnet. Erst im 18. Jahrhundert hat Kant die abstraktere und fundamentalere Form der moralischen Autonomie – aber ohne irgendeinen Bezug auf Pico – mit dem Begriff der Menschenwürde verbunden.

6. Samuel von Pufendorf

In der neuzeitlichen westlichen, vor allem in England und Frankreich vorangetriebenen ethischen und politischen Theorie des 17. und 18. Jahrhunderts, etwa bei Hobbes, Locke, Rousseau und Montesquieu, verschwand der Begriff der *dignitas* bzw. Menschenwürde dann fast vollständig. Man kann vermuten, dass diesen eher skeptisch und naturalistisch gesinnten Denkern die religiös-metaphysische Imprägnierung des Begriffs der Menschenwürde, wie sie etwa bei Facio und Manetti noch ganz deutlich hervorgetreten war, für eine säkulare politische Theorie nicht mehr adäquat erschien. Der Verzicht auf den klassischen *dignitas*-Begriff ähnelt insofern demjenigen Picos. Hobbes etwa bestimmt den Begriff der Würde im «Leviathan» nur an einer einzigen Stelle kurz im Sinn der kleinen Würde der sozialen Stellung und reduziert ihn sofort auf eine bloß politische Bewertung seitens des Staates: «Der öffentliche Wert eines Menschen, nämlich der Wert, der ihm vom Staat beigemessen wird, wird gewöhnlich *Würde* genannt.» (Kap. 10, S. 68) Nur der christliche Philosoph Blaise Pascal erwähnt immerhin noch, dass *im Denken* des Menschen seine Würde liege (Gedanken, S. 103).

Auch in der deutschen Tradition des Naturrechts findet sich bei Theoretikern wie Thomasius, Wolff, Achenwall und Hufeland keine signifikante Weiterführung des Begriffs der Menschenwürde. Lediglich bei dem nicht skeptischen und nicht naturalistischen, sondern in gewisser Hinsicht traditionelleren Samuel von Pufendorf, dem Nestor des neuzeitlichen Naturrechts, sind einige wenige Stellen der Menschenwürde gewidmet: In seinem voluminösen Hauptwerk zum Naturrecht «Acht Bücher vom Natur- und Völkerrecht/De jure naturae et gentium libri octo» von 1672 heißt es etwa: «Die Würde des Menschen vor den Tieren erhellt sich daraus besonders, dass er mit einer edelsten Seele begabt ist, die mit außerordentlicher Einsicht die Dinge zu erkennen und zu unterscheiden, mit einer hervorragenden Beweglichkeit sie anzustreben oder zu verwerfen vermag [...]. Diese Fähigkeit der menschlichen Seele, die ein Abbild höherer Einsicht trägt, kommt von der Vernunft.» (I, III, 1) Diese Aussage bezieht sich offenkundig auf die große Menschenwürde einer inneren, im Kern unveränderlichen Eigenschaft des Menschen. Der Bezug auf die Seele und das «Abbild höherer Einsicht» zeigt, dass Pufendorf die Menschenwürde noch nicht von ihrer christlich-metaphysischen Fundierung gelöst hat. Er führt in etwas verklausulierter Formulierung den christlichen Aspekt der Gottesebenbildlichkeit weiter.

Neben dieser eher traditionellen Fassung der großen Würde gibt es bei Pufendorf aber noch zwei weitere Stellen in der kleineren Schrift «Über die Pflicht des Menschen und des Bürgers nach dem Gesetz der Natur/De officio hominis et civis iuxta legem naturalem libri duo» von 1673. Hier taucht zwar nicht das Wort «dignitas», aber immerhin das Wort «dignatio», also «Würdigkeit», im Zusammenhang mit einer naturrechtlichen Begründung der *Gleichheit* der Menschen auf: «Der Mensch ist nicht nur ein auf Selbsterhaltung bedachtes Lebewesen. Ihm ist auch ein feines Gefühl der Selbstachtung eingegeben, dessen Verletzung ihn nicht weniger tief trifft als ein Schaden an Körper und Vermögen. In dem Wort Mensch selbst scheint sogar eine gewisse Würdigkeit (*dignatio*) zum Ausdruck zu kommen, so dass das äußerste und wirksamste Argument zur Zurückweisung einer dreisten Verhöhnung der Hinweis ist: Immerhin bin ich kein Hund, sondern ein Mensch gleich dir. Also steht allen die menschliche Natur in gleicher Weise zu, und niemand möchte gern jemandem zugesellt werden oder kann jemandem zugesellt werden, der ihn nicht zumindest ebenfalls als Menschen betrachtet, der an der gleichen Natur teilhat.» (Kap. 7, § 1) Und einige Absätze später schreibt Pufendorf: «Gerade der Grundsatz der Gleichberechtigung zeigt auch, wie sich jemand verhalten muss, dessen Aufgabe es ist, Verteilungsgerechtigkeit zu üben. Er muss nämlich alle gleich behandeln und darf niemanden ohne besonderes Verdienst vor einem anderen bevorzugen. Wo das nicht geschieht, erleidet der, der hintangesetzt wird, Missachtung und Unrecht, und wird die ihm von Natur aus zustehende Würdigkeit (*dignatio*) genommen.» (Kap. 7, § 4)

In diesen Zitaten geht es um die äußere Eigenschaft der sozialen Stellung des Menschen im Verhältnis zu seinen Mitmenschen, also die kleine Menschenwürde. Vielleicht verwendet Pufendorf deshalb hier zur Vermeidung von Verwechslungen nicht das Wort «dignitas», sondern das Wort «dignatio», also «Würdigkeit». Verbunden wird diese soziale Stellung mit dem ebenfalls veränderlichen Gefühl der Selbstachtung. Neu sind hier allerdings die Rechtfertigung der sozialen Stellung aus der *gleichen Natur* des Menschen, also die Allgemeinheit der Menschenwürde, und das Ziel der *Gleichbehandlung*. Während die römische *dignitas* nur eine solche der besonderen, herausgehobenen sozialen Position des Würdeträgers war, wird die soziale Stellung und damit die Würdigkeit des Menschen hier umgekehrt als *allgemein und gleich* qualifiziert. Die Begründung für dieses Allgemeinheits- und Gleichbehandlungspostulat liegt in der unveränderlichen Natur des Menschen. Diese Begründung färbt dann aber natürlich auch auf die Eigenschaft der sozialen Stellung ab. Das bedeutet: Auch diese wird bis zu einem gewissen Grade unveränderlich, weil für die soziale Stellung berücksichtigt werden muss, dass der andere «kein Hund, sondern ein Mensch gleich dir» ist. Pufendorf hat also soweit ersichtlich als Erster eine dritte, man könnte sagen *«mittlere» Würde bzw. Würdigkeit* des Menschen vorgeschlagen. Wie bei der kleinen Würde bezieht sie sich nicht auf eine innere Eigenschaft, sondern auf die äußere Eigenschaft der sozialen Stellung des Menschen im Verhältnis zu anderen Menschen. Aber diese soziale Stellung wird mit Verweis auf die Natur des Menschen nicht als gegenüber anderen Menschen besonders, herausgehoben und veränderlich behauptet, sondern gerade umgekehrt als allgemein, gleich und unveränderlich. Sie ist mit dem inneren Gefühl der Selbstachtung verbunden. Diese mittlere Menschenwürde der gleichen wesentlichen sozialen Stellung des Menschen hat bei Pufendorf auch deutlich normative Konsequenzen für andere, wie sie vorher so noch nicht behauptet worden waren: Der Staat soll im Rahmen einer gerechten Verteilung grundsätzlich alle Menschen gleich behandeln.

7. Immanuel Kant

Der für die Menschenwürde zentrale Theoretiker der Neuzeit war Immanuel Kant. Bei der Interpretation der Menschenwürde innerhalb des Kant'schen Œuvres ist allerdings Vorsicht geboten (vgl. von der Pfordten, Zur Würde des Menschen bei Kant). Die Menschenwürde taucht zwar in der «Grundlegung zur Metaphysik der Sitten» von 1785 signifikant auf. Aber bereits in der «Kritik der praktischen Vernunft» von 1788 finden sich nur zwei periphere Erwähnungen. Das Gleiche gilt für die Schrift «Die Religion innerhalb der Grenzen der bloßen Vernunft» von 1793. In den folgenden politischen Schriften «Über den Gemeinspruch» von 1793, «Zum Ewigen Frieden» von 1795 und den «Metaphysischen Anfangsgründen der Rechtslehre», also dem ersten Teil der «Metaphysik der Sitten» von 1797, erscheint der Begriff der großen Menschenwürde dann überhaupt nicht mehr. Er findet sich erst wieder häufiger in den individualethischen «Metaphysischen Anfangsgründen der Tugendlehre», dem zweiten Teil der «Metaphysik der Sitten» von 1798.

In Kants praktischer Philosophie stellt der Begriff kein zentrales Konstruktionselement dar, wie etwa die Begriffe Wille, Imperativ, Maxime, Gesetz, Allgemeinheit und Freiheit. Überdies erwähnt Kant den Begriff innerhalb der «Grundlegung zur Metaphysik der Sitten» von 1785 erst sehr spät, nämlich erst bei der *dritten Konkretisierungsformel des Kategorischen Imperativs*, nicht, wie häufig fälschlicherweise behauptet wird, bei der zweiten Konkretisierungsformel, also der Zweck-Mittel-Formel. Die Grundform des Kategorischen Imperativs lautet: «[...]; handle nur nach derjenigen Maxime, durch die du zugleich wollen kannst, dass sie ein allgemeines Gesetz werde.» (S. 421) Die drei Konkretisierungsformeln lauten: (1) «[...]; handle so, als ob die Maxime deiner Handlung durch deinen Willen zum allgemeinen Naturgesetze werden sollte.» (S. 421) (2) «[...]: handle so, dass du die Menschheit sowohl in deiner Person, als in der Person eines jeden anderen jederzeit zugleich als Zweck, niemals bloß als Mittel brauchst.» (S. 429) (3) «[...]: handle nach Maximen eines allgemein gesetzgebenden Gliedes zu einem bloß möglichen Reiche der Zwecke, in seiner vollen Kraft, weil es kategorisch gebietend ist. Und hierin liegt eben das Paradoxon: dass bloß die Würde der Menschheit als vernünftiger Natur ohne irgendeinen andern dadurch zu erreichenden Zweck oder Vorteil, mithin die Achtung für eine bloße Idee dennoch zur unnachlasslichen Vorschrift des Willens dienen sollte, [...].» (S. 439)

Erst in der dritten Konkretisierungsformel, also in der Reich-der-Zwecke-Formel, wird somit die Würde genannt. Es ist ganz eindeutig, dass Kant die Würde des Menschen in der «Grundlegung zur Metaphysik der Sitten» nicht mit der Idee der Selbstzweckhaftigkeit in der zweiten Formel verbindet, sondern nur mit der *Idee der Selbstgesetzgebung* des Menschen in einem Reich der Zwecke, also der dritten Formel: «Die Vernunft bezieht also jede Maxime des Willens als allgemein gesetzgebend auf jeden anderen Willen und auch auf jede Handlung gegen sich selbst und dies zwar nicht um irgend eines andern praktischen Bewegungsgrundes oder künftigen Vorteils willen, sondern aus der Idee der Würde eines vernünftigen Wesens, das keinem Gesetze gehorcht als dem, das es zugleich selbst gibt.» (S. 434) Kant kontrastiert die Menschenwürde mit dem Preis, und er macht ganz deutlich, dass die Menschenwürde Bedingung der Selbstzweckhaftigkeit ist: «Im Reiche der Zwecke hat alles entweder einen Preis, oder eine Würde. Was einen Preis hat, an dessen Stelle kann auch etwas anderes als Äquivalent gesetzt werden; was dagegen über allen Preis erhaben ist, mithin kein Äquivalent verstattet, das hat eine Würde. […] das aber, was die Bedingung ausmacht, unter der allein etwas Zweck an sich selbst sein kann, hat nicht bloß einen relativen Wert, d. i. einen Preis, sondern einen inneren Wert, d. i. Würde.» (S. 434 f.) Die Selbstgesetzgebung des einzelnen Menschen ist nun ohne Zweifel eine im Kern unveränderliche, innere, notwendige Eigenschaft des Menschen. Kant hat hier also die große Menschenwürde weiterentwickelt und von der Bindung durch die früheren christlichen Denker an die Substanz der Seele, die Schöpfung des Menschen durch Gott sowie seine Gottebenbildlichkeit gelöst. Nur der Bezug zu den auch nichtreligiös interpretierbaren menschlichen Eigenschaften der Vernunft und der Freiheit bleibt erhalten.

Die dritte Formel des kategorischen Imperativs weist gegenüber den anderen oben erwähnten Formeln allerdings vier Besonderheiten auf. Erstens gibt es im Reich der Zwecke neben den Vernunftwesen als Mitgliedern auch ein Oberhaupt (Gott), das zwar selbst gesetzgebend, nicht aber dem Willen der anderen Vernunftwesen und damit den Pflichten des Kategorischen Imperativs unterworfen ist. Das Reich der Zwecke wird zweitens im Gegensatz zu anderen Formeln als «Idee» gekennzeichnet. Die dritte Formel wird drittens mit der Kategorie der Allheit identifiziert. Schließlich finden sich bei der dritten Formel, anders als bei den Formeln eins und zwei, keine beispielhaften Anwendungen. Der vermutliche Grund dieser Unterschiede liegt darin, dass die Idee des Reichs der Zwecke aller gesetzgebenden Wesen nicht zur Handlungs- bzw. Maximenbeurteilung in einzelnen konkreten Fällen herangezogen werden kann, weil die Berücksichtigung aller zwecksetzenden Wesen einschließlich Gottes für ein endliches Vernunftwesen wie den Menschen praktisch unmöglich ist. Wichtig ist es, sich klar zu machen, dass Kant mit dieser Bestimmung der Menschenwürde als Selbstgesetzgebung einen entscheidenden Entwicklungsschritt vorwärts gegangen ist. Die Menschenwürde wird nicht mehr als von äußerer Legitimation abhängig gedacht, also vom Weltgesetz, von göttlicher Schöpfung oder der Gottesebenbildlichkeit, sondern als Autonomie bzw. Selbstbestimmung, d.h. genauer als Selbstgesetzgebung bzw. noch genauer als Fähigkeit zur Selbstgesetzgebung. Sie wird damit nicht nur als eine innere, notwendige und unveränderliche Eigenschaft, also im Sinne der großen Menschenwürde aufgefasst, sondern findet ihre Quelle der Normativität auch im Inneren des einzelnen menschlichen Individuums.

Allerdings ist die Charakterisierung der Menschenwürde durch Kant mit vier Einschränkungen behaftet. Es handelt sich erstens um eine bloße Idee, also nach Kant nur um einen «notwendigen Vernunftbegriff, dem kein kongruierender Gegenstand in den Sinnen gegeben werden kann.» (Kritik der reinen Vernunft, S. 254) Feststellen lässt sich zweitens der Rest einer religiösen bzw. theonomen Imprägnierung, da die Würde des Menschen sich nur in der Gemeinschaft mit Gott im Reich der Zwecke ergibt. Übrig bleibt drittens auch ein gewisses Residuum der sozialen Stellung in einer Gemeinschaft der Vernunftwesen, also ein nicht unerheblicher Aspekt der kleinen Würde des Menschen. Schließlich ist viertens Kants Idee eines Reichs der Zwecke sachlich diskutierbar.

Bemerkenswert ist weiterhin, dass Kant die große Menschenwürde in seiner Rechtsphilosophie und politischen Philosophie mit keinem Wort erwähnt. Der Grund liegt wohl darin, dass Kant alle inhaltlichen Bestimmungen wie Glück und Gerechtigkeit, aber auch konkretere Menschenrechte außer dem einzigen Recht der Freiheit im Rahmen der politischen Philosophie abgelehnt hat. Erst in den «Metaphysischen Anfangsgründen der Tugendlehre» von 1798 erscheint die Menschenwürde wieder. Und hier wird nun ein Übergang zur Bedeutung der Selbstzweckhaftigkeit vollzogen: «Ein jeder Mensch hat rechtmäßigen Anspruch auf Achtung von seinen Nebenmenschen, und wechselseitig ist er dazu auch gegen jeden anderen verbunden. Die Menschheit selbst ist eine Würde; denn der Mensch kann von keinem Menschen (weder von anderen noch sogar von sich selbst) bloß als Mittel, sondern muss jederzeit zugleich als Zweck gebraucht werden, und darin besteht eben seine Würde (die Persönlichkeit), dadurch er sich über alle anderen Weltwesen [...] erhebt.» (S. 462)

Kants Säkularisierung des Begriffs der Menschenwürde und damit die Abtrennung von dessen religiösen Wurzeln scheint im Übrigen in anderen Ländern nicht gleichermaßen nachvollzogen worden zu sein, etwa nicht in den angelsächsischen Staaten, aber auch nicht in den katholisch geprägten Gebieten, z. B. in Italien. Der Begriff der Menschenwürde wurde dort offenbar weiterhin als religiöser bzw. theonomer Begriff verstanden. Dies kann vielleicht erklären, warum der Begriff etwa in Italien anders als in Deutschland nicht an prominenter Stelle in die neue Verfassung von 1947 aufgenommen wurde, sondern nur eine untergeordnete Rolle spielt.

Von den klassischen deutschen Philosophen nach Kant, wie Fichte, Hegel und Schelling, wird der Begriff der Menschenwürde kaum weitergeführt, und wenn, dann häufig nicht im Sinne der Selbstbestimmung oder Selbstgesetzgebung des Menschen. Offenbar haben Kants Nachfolger der Kant'schen Verwendung des Begriffs keine besondere Bedeutung beigemessen. Konstatieren lässt sich vielmehr nicht selten eine Rückkehr zu sehr viel religiöseren Interpretationen, etwa bei Hegel (Vorlesungen über die Philosophie der Religion, S. 301) Dies kann vielleicht erklären, warum Kants Verständnis der Menschenwürde im 19. Jahrhundert zunächst kaum Einfluss auf die säkulare Menschenrechtsbewegung gewinnen konnte.

8. Friedrich von Schiller

Von Kant inspiriert hat nur der junge Friedrich Schiller den Menschenwürdebegriff signifikanter aufgegriffen, und zwar vor allem in seinem ästhetischen Aufsatz «Über Anmut und Würde» von 1793. Anmut ist für Schiller «bewegliche Schönheit», und zwar bewegt durch die «schöne Seele». Allerdings ist Anmut eine Schönheit, die nicht von der Natur vorgegeben ist, sondern die das freie Subjekt als Ausdruck seiner selbst hervorbringt. Sie ist somit nicht notwendig, sondern veränderbar. Schiller setzt Anmut und Würde in ihrer Zufälligkeit und ihrem Ausdruckscharakter parallel: «So wie die Anmut der Ausdruck einer schönen Seele ist, so ist Würde der Ausdruck einer erhabenen Gesinnung.» (S. 410) Würde ist für Schiller der *Ausdruck* der Geistesfreiheit des Menschen gegenüber seinen Trieben (S. 413). Sie zeigt sich in der Erscheinung und ist wie die Anmut steigerungsfähig. Schiller gibt also Kants Qualifikation der Würde als innere, wesentlich unveränderliche Eigenschaft der Selbstgesetzgebung bzw. Selbstzweckhaftigkeit auf. Vom notwendigen Kern der Moralität bei Kant wird die Würde bei Schiller zu deren veränderlichem Ausdruck.

Es kann nicht verwundern, dass dieses ästhetische Verständnis der Würde als nur veränderlichem *Ausdruck* einer erhabenen Gesinnung weder Kants Beifall gefunden hat noch erkennbare praktisch-politische Wirksamkeit entfalten konnte, da keine wesentliche normative Verpflichtungskraft mit ihm verbunden werden konnte.

Schiller hat später noch folgendes berühmte Epigramm zur Würde des Menschen formuliert: «Nichts mehr davon, ich bitt euch. Zu essen gebt ihm, zu wohnen. Habt ihr die Blöße bedeckt, gibt sich die Würde von selbst.» (Schiller, Epigramme, S. 725) Das klingt schon wie eine Ankündigung der vor allem im 19. Jahrhundert von Vertretern der sozialistischen Bewegung propagierten Forderung nach einem «menschenwürdigen Dasein», also der ökonomischen Würdebedingung. Schillers Epigramm enthielt im Übrigen auch einen deutlich skeptischen Ton. Damit stand er nicht allein.

9. Bentham, Schopenhauer und Nietzsche

Ab Ende des 18. Jahrhunderts erhoben manche Philosophen erste kritische Stimmen gegenüber der Menschenwürde.

Eine gehörte, wenn auch nicht direkt auf die Menschenwürde gerichtet, Jeremy Bentham. Bentham war ein Mitbegründer der utilitaristischen Bewegung. Nach dieser Bewegung sollten Recht und Politik und später bei John Stuart Mill auch die gesamte Ethik dem Prinzip des *größten Nutzens aller* folgen. Lust und Leid des Einzelnen waren mit dem Glück der Gesamtbevölkerung zu verrechnen. Für individuelle Rechte war in einer solchen Ethik kein Platz. Bentham hat folgerichtig 1795 die französische Erklärung der Menschenrechte und natürlichen Rechte als «Nonsens auf Stelzen» bezeichnet: «Natural rights is simple nonsense: natural and imprescriptible rights, rhetorical nonsense, nonsense upon stilts.» (Nonsense upon Stilts, Art. 2, S. 330) Damit war natürlich auch ein Verdikt über die Menschenwürde gesprochen.

Arthur Schopenhauer hat Kant verehrt. Aber in der Ethik ging er eigene Wege. Er war der Auffassung, dass die Kant'sche Pflichtenethik jeden Fundamentes entbehre. Schopenhauer vertrat im Widerspruch zu Kant eine radikale Mitleidsethik. Im Hinblick auf die Menschenwürde hat er sich 1841 vehement gegen Kant gewandt: «Allein dieser Ausdruck ‹*Würde des Menschen*›, einmal von Kant ausgesprochen, wurde nachher das Schibboleth aller rat- und gedankenlosen Moralisten, die ihren Mangel an einer wirklichen oder wenigstens doch irgendetwas sagenden Grundlage der Moral hinter jenen imponierenden Ausdruck ‹*Würde des Menschen*› versteckten, klug darauf rechnend, dass auch ihr Leser sich gern mit einer solchen Würde angetan sehn und demnach damit zufriedengestellt sein würde.» (Preisschrift über die Grundlage der Moral, S. 695)

Nietzsche sah schließlich 1872 in der nachgelassenen Schrift «Fünf Vorreden zu fünf ungeschriebenen Büchern. Der griechische Staat» im Begriff der Menschenwürde nichts anderes als einen Begriff, der ein triebverhaftetes Dasein der Notwendigkeit verschleiern soll: «Wir Neueren haben vor den Griechen zwei

Begriffe voraus, die gleichsam als Trostmittel einer durchaus sklavisch sich gebahrenden und dabei das Wort ‹Sklave› ängstlich scheuenden Welt gegeben sind: wir reden von der ‹Würde des Menschen› und von der ‹Würde der Arbeit›. Alles quält sich, um ein elendes Leben elend zu perpetuieren; diese furchtbare Noth zwingt zu verzehrender Arbeit, die nun der vom ‹Willen› verführte Mensch – oder richtiger – menschliche Instinkt gelegentlich als etwas Würdevolles anstaunt. [...] Solche Phantome, wie die Würde des Menschen, die Würde der Arbeit, sind die dürftigen Erzeugnisse des sich vor sich selbst versteckenden Sklaventhums.» (S. 764 f.) Hier kritisiert Nietzsche offenbar vor allem die veränderliche Würde der sozialen Stellung des arbeitenden Menschen, also die kleine Menschenwürde.

10. Lassalle und der Frühsozialismus

Im 19. Jahrhundert griffen materialistisch gesonnene Denker zunehmend das idealistische Verständnis des Menschen an, wie es etwa Kant und Hegel vertreten hatten. So forderten Vertreter der sozialistischen Bewegung ein «menschenwürdiges Dasein». Damit wurde die Realisation der großen, mittleren und kleinen Würde von äußeren, vor allem ökonomischen bzw. materiellen Voraussetzungen abhängig gemacht, von *ökonomischen Würdebedingungen.*

Ferdinand Lassalle vertrat 1862 in seiner Rede «Das Arbeiterprogramm» die Auffassung, Arbeiter und Kleinbürger könnten vom Staate erwarten, ihnen zu einem «menschenwürdigen Dasein» zu verhelfen: «So sehr der Arbeiter und der Kleinbürger, mit einem Worte die ganze nicht Kapital besitzende Klasse, berechtigt ist, vom Staate zu verlangen, dass er sein ganzes Sinnen und Trachten darauf richte, wie die kummervolle und notbeladene materielle Lage der arbeitenden Klassen zu verbessern, und wie auch ihnen, durch deren Hände alle die Reichtümer produziert worden, mit denen unsere Zivilisation prunkt, deren Händen alle die Produkte ihre Entstehung verdanken, ohne welche die gesamte Gesellschaft keinen Tag existieren könnte, zu einem reichlicheren und gesicherten Erwerbe und damit wieder zu der Möglichkeit geistiger Bildung und somit erst zu einem wahrhaft menschenwürdigen Dasein zu verhelfen sei – wie sehr, sage ich, die arbeitenden Klassen auch berechtigt sind, dies vom Staate zu fordern und dies als seinen wahrhaften Zweck hinzustellen, so darf und wird dennoch der Arbeiter niemals vergessen, dass alles einmal erworbene gesetzliche Eigentum vollständig unantastbar und rechtmäßig ist.» (S. 26)

Das hier angesprochene «menschenwürdige Dasein» hat seine Grundlage in materiellen, wirtschaftlichen Gütern. Diese äußeren wirtschaftlichen Güter sollen aber die geistige Bildung ermöglichen und erst dadurch eine menschenwürdige Existenz. Die materiellen Güter sind also die Bedingung für das menschenwürdige Dasein. Dieses ist nicht auf äußere Eigenschaften beschränkt, sondern schließt zumindest auch geistige, das heißt innere, Elemente ein. Das zeigt auch der Verweis auf den existentiellen Ausdruck des «Daseins». Angesprochen wird in diesem Zitat mit Erwähnung der Arbeiter und Kleinbürger aber implizit auch die Würde als soziale Stellung. Insofern liegt diese Formulierung des «menschenwürdigen Daseins» zwischen der kleinen, der mittleren und der großen Würde. Es handelt sich um den vierten der oben erwähnten (Teil-)Begriffe der Menschenwürde, die «ökonomische Würdebedingung».

11. Die Verfassungen vor 1945

Art. 6 Satz 4 der französischen *Erklärung der Rechte des Menschen und des Bürgers* von 1789 bestimmte, dass die «dignités», also die Ämter bzw. Würden des Staates, allen Bürgern nur gemäß Leistung und Talent offenstehen sollten, verpflichtete also auf die Chancengleichheit, ohne diese Chancengleichheit selbst schon als Aspekt der (mittleren) Würde zu bezeichnen. Auf ein einziges Amt bezogen traf die Frankfurter Verfassung des Deutschen Reiches vom 28. März 1849 (Paulskirchenverfassung) dagegen eine nichtegalitäre Regelung: «§ 68 Die Würde des Reichsoberhauptes wird einem der regierenden deutschen Fürsten übertragen. § 69 Diese Würde ist erblich im Hause des

Fürsten, dem sie übertragen worden.» Darüber hinaus wurde in den Diskussionen und Entwürfen der Nationalversammlung vorgeschlagen, die Menschenwürde in die Frankfurter Reichsverfassung aufzunehmen, und zwar interessanterweise schon in den zwei Begriffen der kleinen Würde, nämlich mit der Formulierung «Würde als Mensch bzw. Richter», und der ökonomischen Würdebedingung mit der Formulierung des «Schutzes des menschenwürdigen Daseins» (Kühne, Die Reichsverfassung der Paulskirche, S. 356, 570 Fn. 97). Bei der Verabschiedung des endgültigen Textes konnte sich aber keiner dieser beiden Vorschläge durchsetzen.

Die erste explizite verfassungsrechtliche Verankerung hat die Menschenwürde soweit ersichtlich in der Weimarer Verfassung des Deutschen Reichs von 1919 gefunden, allerdings nur in der schwächeren Formulierung des «menschenwürdigen Daseins», also der ökonomischen Würdebedingung. Unter der Überschrift «Ordnung des Wirtschaftslebens» heißt es dort in Art. 151 Abs. 1: «Die Ordnung des Wirtschaftslebens muss den Grundsätzen der Gerechtigkeit mit dem Ziele der Gewährleistung eines menschenwürdigen Daseins für alle entsprechen. In diesen Grenzen ist die wirtschaftliche Freiheit des Einzelnen zu sichern.» Die Vorschrift greift also den zweiten Antrag zur Paulskirchenverfassung 1848/49 und Lassalles Formulierung des «menschenwürdigen Daseins» aus dem «Arbeiterprogramm» von 1862 auf. Allerdings wird Lassalles Ziel der «geistigen Bildung» nicht mehr erwähnt, während die «Grundsätze der Gerechtigkeit» hinzugekommen sind. Berücksichtigt man den Regelungszusammenhang der «Ordnung des Wirtschaftslebens», so muss man bei dieser Formulierung der ökonomischen Würdebedingung vor allem den Bezug auf die Voraussetzungen der äußeren, veränderlichen Eigenschaft der sozialen Stellung annehmen, also die kleine bzw. mittlere Würde des Menschen. In der Weimarer Republik war umstritten, ob es sich um einen bloßen Programmsatz oder eine rechtliche Regelung handelt. Jedenfalls hat die Norm keine große Wirksamkeit entfaltet.

Die in der Literatur verschiedentlich anzutreffende Auffassung, bereits die Verfassung Portugals von 1933 habe in Art. 6 Abs. 3 eine Formulierung der Menschenwürde enthalten (Dreier, GG, Art. 1, Rn 21; Tiedemann, Menschenwürde als Rechtsbegriff, S. 10), ist unzutreffend. Die Verfassung Portugals vom 11.4.1933 spricht nur von «existencia humanamente suficiente», also «menschlich genügende Existenz». Erst im Rahmen einer Novellierung der Verfassung am 11.7.1951 wurden die Worte «dignidade humana» aufgenommen.

Die erste Verfassung, welche die Menschenwürde nicht nur in der Formulierung des «menschenwürdigen Daseins» und damit der reduzierten ökonomischen Würdebedingung anerkannte, sondern in Form der großen Würde einer inneren, im Kern unveränderlichen Eigenschaft, war die Verfassung der Republik Irland von 1937. Dort heißt es in der Präambel:

«Im Namen der Allerheiligsten Dreifaltigkeit, von der alle Autorität kommt und auf die, als unserem letzten Ziel, alle Handlungen sowohl der Menschen wie der Staaten ausgerichtet sein müssen, Wir, das Volk von Irland, in Demut anerkennend alle unsere Verpflichtungen gegenüber unserem göttlichen Herrn, Jesus Christus, der unseren Vätern durch Jahrhunderte der Heimsuchung hindurch beigestanden hat, in dankbarer Erinnerung an ihren heldenhaften und unermüdlichen Kampf um die Wiedererlangung der rechtmäßigen Unabhängigkeit unserer Nation, und in dem Bestreben, unter gebührender Beachtung von Klugheit, Gerechtigkeit und Barmherzigkeit das allgemeine Wohl zu fördern, auf dass die Würde und Freiheit des Individuums gewährleistet, eine gerechte soziale Ordnung erreicht, die Einheit unseres Landes wiederhergestellt und Eintracht mit anderen Nationen begründet werde, [...]». In dieser Formulierung ist die christliche Fundierung mit dem Verweis auf die Dreifaltigkeit eindeutig. Die Voranstellung der Tugenden der Klugheit, Gerechtigkeit und Barmherzigkeit zeigt, dass eine innere Eigenschaft des Menschen gemeint ist. Diese innere Eigenschaft soll durch den Staat nur gesichert werden. Die Eigenschaft ist also im Kern immer schon vorhanden und damit – so muss man annehmen – unveränderlich. Somit kommt dem irischen Volk bzw. dem irischen Verfassungsgeber das historische Verdienst zu, die große Menschenwürde zum ersten Mal in einer Verfassung verankert zu haben. Die Präambel der irischen Verfassung ist bis heute geltendes Recht.

12. Die UN-Charta von 1945 und die Allgemeine Erklärung der Menschenrechte von 1948

Nach den großen staatlichen Verbrechen vor und während des 2. Weltkriegs suchte man 1945 bei der Gründung der Vereinten Nationen nach einem Recht, welches den Menschen als absolute Grenze staatlicher Machtausübung anerkennt. Man fand dieses Recht in der *Würde der menschlichen Person*, verstanden als der inneren, im Kern unveränderlichen und notwendigen Eigenschaft des Menschen, also der großen Menschenwürde. Die *Charta der Vereinten Nationen* vom 26. Juni 1945 war dafür ein Meilenstein. Wie in der irischen Verfassung wurde die Menschenwürde auch dort in der Präambel verankert. Dies geschah aber nunmehr ohne expliziten christlichen oder sonstigen religiösen Bezug, nur mit Verweis auf die menschliche Person. Damit wurde der globale Siegeszug der Menschenwürde ermöglicht:

«WIR, DIE VÖLKER DER VEREINTEN NATIONEN – FEST ENTSCHLOSSEN, künftige Geschlechter vor der Geißel des Krieges zu bewahren, die zweimal zu unseren Lebzeiten unsagbares Leid über die Menschheit gebracht hat, unseren Glauben an die Grundrechte des Menschen, an *Würde* und Wert der menschlichen Person, an die Gleichberechtigung von Mann und Frau sowie von allen Nationen, ob groß oder klein, erneut zu bekräftigen, Bedingungen zu schaffen, unter denen Gerechtigkeit und die Achtung vor den Verpflichtungen aus Verträgen und anderen Quellen des Völkerrechts gewahrt werden können, den sozialen Fortschritt und einen besseren Lebensstandard in größerer Freiheit zu fördern, [...]» (Hervorhebung DvdP).

Am 10. Dezember 1948 verabschiedete die Generalversammlung der Vereinten Nationen dann die *Allgemeine Erklärung der Menschenrechte*. Dabei handelte es sich um eine völkerrechtlich nicht bindende Resolution. In dieser Allgemeinen Erklärung der Menschenrechte taucht die große Menschenwürde in der Präambel und in Art. 1 dreimal auf. Ihre Präsenz und Vorrangstellung wird also gegenüber der UN-Charta noch einmal verstärkt (vgl. Lindholm, A new Beginning, S. 32 ff.):

Präambel: «Da die Anerkennung der innewohnenden Würde und der gleichen und unveräußerlichen Rechte aller Mitglieder der Gemeinschaft der Menschen die Grundlage von Freiheit, Gerechtigkeit und Frieden in der Welt bildet, [...] da die Völker der Vereinten Nationen in der Charta ihren Glauben an die grundlegenden Menschenrechte, an die Würde und den Wert der menschlichen Person und an die Gleichberechtigung von Mann und Frau erneut bekräftigt und beschlossen haben, den sozialen Fortschritt und bessere Lebensbedingungen in größerer Freiheit zu fördern, [...] verkündet die Generalversammlung diese Allgemeine Erklärung der Menschenrechte [...]».

Artikel 1: «Alle Menschen sind frei und gleich an Würde und Rechten geboren. Sie sind mit Vernunft und Gewissen begabt und sollen einander im Geiste der Brüderlichkeit begegnen.»

Neben diese Verstärkung der Nennung trat aber auch eine inhaltliche. Die Voranstellung von «innewohnend» («inherent») vor «Würde» im ersten Satz macht explizit deutlich, dass hier die *innere Eigenschaft* der Menschenwürde gemeint ist. Und der Verweis auf die Angeborenheit der Menschenwürde in Artikel 1 spricht aus, dass es sich um eine im Kern *unveränderliche, notwendige* und *allgemeine* Eigenschaft handelt, die nicht erst erworben wird und die nicht verloren werden kann. Hier ist also zum ersten Mal in einem juridisch-politischen Text die innere, unveräußerliche Menschenwürde, also die große Menschenwürde, ganz ausdrücklich für verpflichtend erklärt.

Die Allgemeine Erklärung der Menschenrechte beschränkt sich aber nicht auf die Voranstellung der großen Menschenwürde. Sie enthält in Art. 22 und 23 weitere Garantien der Würde des Menschen: Art. 22 statuiert im Anschluss an das Recht auf soziale Sicherheit, «dass jeder einen Anspruch darauf hat, [...] in den Genuss der für seine Würde und die freie Entwicklung seiner Persönlichkeit unentbehrlichen wirtschaftlichen, sozialen und kulturellen Rechte zu gelangen». Art. 23

Abs. 3 normiert, dass jedermann, der arbeitet, das Recht auf gerechte und günstige Entlohnung hat, die ihm und seiner Familie eine der menschlichen Würde entsprechende Existenz sichert und die, wenn nötig, durch andere soziale Schutzmaßnahmen zu ergänzen ist. Während Art. 22 wohl auch auf die Verwirklichung der großen Menschenwürde verweist, scheint sich Art. 23 eher auf die Realisierung der kleinen und mittleren Menschenwürde zu beziehen. Bei beiden Regelungen handelt es sich jedenfalls um Normierungen von Voraussetzungen der Menschenwürde, also um die ökonomische Würdebedingung. Sie stehen somit in der Tradition der Formel vom «menschenwürdigen Dasein». Die allgemeine Erklärung der Menschenrechte enthält damit den bisher ausführlichsten und umfangreichsten Schutz der Menschenwürde in einer Verfassung bzw. völkerrechtlichen Erklärung.

Umso verwunderlicher ist es, dass dann die Europäische Menschenrechtskonvention (EMRK) von 1950 die Menschenwürde nicht erwähnt. Man kann vielleicht vermuten, dass dies auf den starken britischen Einfluss zurückzuführen ist. Die Briten waren und sind aufgrund der wirkungsmächtigen Tradition des Utilitarismus seit Bentham und Mill grundsätzlich skeptisch gegenüber dem Begriff der Menschenwürde (vgl. Gisbertz, Menschenwürde in der angloamerikanischen Rechtsphilosophie, S. 341 ff.). Allerdings muss ergänzt werden, dass die Europäische Menschenrechtskonvention wesentliche konkrete Verletzungen der Menschenwürde verbietet, nämlich Folter, Sklaverei und Zwangsarbeit. Und das nicht von allen ursprünglichen Unterzeichnerstaaten ratifizierte Zusatzprotokoll Nr. 13 von 2002 über die vollständige Abschaffung der Todesstrafe gibt der Überzeugung Ausdruck, «dass in einer demokratischen Gesellschaft das Recht jedes Menschen auf Leben einen Grundwert darstellt und die Abschaffung der Todesstrafe für den Schutz dieses Rechts und für die volle Anerkennung der allen Menschen innewohnenden Würde von wesentlicher Bedeutung ist». Hier wird mit «innewohnenden» eindeutig auf die innere, unveränderliche, also die große Menschenwürde verwiesen. Der Europäische Gerichtshof für Menschenrechte hat sich überdies wiederholt auf die Menschenwürde bezogen. Schließlich wird die Menschenwürde z.B. auch in der Präambel und Art. 1 der europäischen Bio-und Medizinethikkonvention von 1997 erwähnt bzw. geschützt. Man kann also feststellen, dass die Menschenwürde mittlerweile auch in Gesamteuropa rechtlich anerkannt ist.

13. Deutscher Widerstand, die Landesverfassungen und das Grundgesetz von 1949

Bereits in der Widerstandsbewegung des Kreisauer Kreises wurde die Menschenwürde als Grundwert für die Neuordnung Deutschlands nach der Beseitigung der NS-Diktatur anerkannt. So enthielt ein Entwurf Helmuth James Graf Moltkes folgende Forderung: «1. Brechung des totalitären Zugriffs auf die freie Gewissensentscheidung und Anerkennung der unverletzlichen Würde der menschlichen Person ...» (Ger Van Roon, Neuordnung im Widerstand, S. 551, vgl. auch S. 199, 202, 346, 417, 548, 566, 593)

Nach 1945 reagierte man zunächst in vielen deutschen Landesverfassungen auf die Verbrechen der Nationalsozialisten mit einer Garantie der Menschenwürde, etwa in Württemberg-Baden (Präambel), Hessen (Art. 3, 27, 30), Bayern (Präambel, Art. 100, 131, 164, später: 111a), Rheinland-Pfalz (Präambel, Art. 51 I (2000 geändert)), Bremen (Präambel, Art. 5, 26, 52) und dem Saarland (Präambel (1956 gestrichen), Art. 1). Die Länder der britischen Zone, Hamburg, Niedersachsen, Nordrhein-Westfalen und Schleswig-Holstein, gaben sich unter dem Einfluss der Besatzungsmacht zunächst keine eigenen Verfassungen.

Den wesentlichsten Schutz erfuhr die Menschenwürde in Deutschland dann aber durch ihre Verankerung in Art. 1 des Grundgesetzes am 23.5.1949: «(1) Die Würde des Menschen ist unantastbar. Sie zu achten und zu schützen ist Verpflichtung aller staatlichen Gewalt. (2) Das Deutsche Volk bekennt sich darum zu unverletzlichen und unveräußerlichen Menschenrechten als Grundlage jeder menschlichen Gemeinschaft, des Friedens und der Gerechtigkeit in der Welt. (3) Die nachfolgenden

Grundrechte binden Gesetzgebung, vollziehende Gewalt und Rechtsprechung als unmittelbar geltendes Recht.»

Für die Frage, welche Würde hier gemeint sein soll, ist eine Diskussion zwischen Theodor Heuss, dem späteren Bundespräsidenten, und Carlo Schmid am 23.9.1948 im Ausschuss für Grundsatzfragen des Parlamentarischen Rats aufschlussreich (Der Parlamentarische Rat 5 I, S. 72). Schmid schlägt als Formulierung des Art. 1 «Würde des menschlichen Daseins» vor. Heuss argumentiert dagegen für «Würde des menschlichen Wesens». «Dasein» sei etwas «Vegetativ-Biologisches». Die Würde ruhe dagegen – so Heuss – «in ihm selber» [dem Menschen, DvdP]. Damit meint Heuss eindeutig die große Menschenwürde einer inneren, unveränderlichen Eigenschaft des Menschen. Mit «Würde des Menschen» hat sich dann eine Formulierung durchgesetzt, die den Heuss'schen Vorschlag nur leicht abwandelt, also die große Menschenwürde einer inneren, im Kern unveränderlichen Eigenschaft des Menschen statuiert. Dies wird durch die Qualifizierung der Menschenwürde als «unantastbar» eindeutig festgelegt. Denn nur die innere, unveränderliche Eigenschaft der großen Würde kann «unantastbar» sein. Die kleine Würde der äußeren sozialen Stellung des Menschen ist dagegen veränderlich und somit sehr wohl antastbar. Der sprachlich eindeutige Schutz der großen Menschenwürde durch das Grundgesetz schließt allerdings nicht aus, dass Art. 1 zusätzlich auch die kleine und mittlere sowie die ökonomische Würdebedingung meint und schützt. Man wird annehmen müssen, dass angesichts der NS-Verbrechen ein umfassender Schutz der Menschenwürde in all ihren vier (Teil-)Begriffen gewollt war.

Bemerkenswert ist, dass das Grundgesetz anders als die Landesverfassungen von Hessen, Bayern und Bremen die Formel vom «menschenwürdigen Dasein» des Art. 151 I WRV nicht weiterführt. Ein Grund ist, dass im Grundgesetz nur verpflichtende Rechtsverbürgungen enthalten sein sollten und keine bloßen Programmsätze wie noch in der Weimarer Reichsverfassung.

Der Parlamentarische Rat hat auch das Verhältnis von Menschenwürde und Menschenrechten diskutiert. In der endgültigen Formulierung des Absatzes 2 ist ein Ableitungszusammenhang zwischen der Menschenwürde und den Menschenrechten ausdrücklich mit dem Wort «darum» festgelegt. Allerdings ist die Formulierung nicht ganz eindeutig, denn es wird nicht gesagt, ob sich das «darum» auf Satz 1 des Absatzes 1, also die Menschenwürde als solches, oder Satz 2 des Absatzes 1, also die Achtung und den Schutz der Menschenwürde, bezieht oder – was am wahrscheinlichsten ist – auf beide Sätze. Schließlich wird auch sprachlich nicht ganz deutlich ausgedrückt, ob die Menschenwürde selbst ein subjektives Grundrecht ist, oder ob sie nur die anderen Grundrechte begründet.

Das Bundesverfassungsgericht hat ausgesprochen, dass Achtung und Schutz der Menschenwürde zu den Konstitutionsprinzipien des Grundgesetzes gehören (BVerfGE 45, 227 f.). Die freie menschliche Persönlichkeit und ihre Würde stellen den höchsten Rechtswert innerhalb der verfassungsmäßigen Ordnung dar: «Der Staatsgewalt ist in allen ihren Erscheinungsformen die Verpflichtung auferlegt, die Würde des Menschen zu achten und zu schützen. Dem liegt die Vorstellung vom Menschen als einem geistig-sittlichen Wesen zugrunde, das darauf angelegt ist, in Freiheit sich selbst zu bestimmen und sich zu entfalten [...]. Es widerspricht daher der menschlichen Würde, den Menschen zum bloßen Objekt im Staate zu machen. Der Satz ‹der Mensch muss immer Zweck an sich selbst bleiben› gilt uneingeschränkt für alle Rechtsgebiete; denn die unverlierbare Würde des Menschen als Person besteht gerade darin, dass er als selbstverantwortliche Persönlichkeit anerkannt bleibt.» Mit der Nennung des Menschen als geistig-sittlichem Wesen und dem Verweis auf seine Freiheit zur Selbstbestimmung interpretiert das Bundesverfassungsgericht die Menschenwürde in Art. 1 GG eindeutig als die große Menschenwürde im Sinne der inneren, unveränderlichen Eigenschaft des Menschen. Als Konkretisierung der großen Menschenwürde wird ausdrücklich die Selbstbestimmung genannt. Auf der Grundlage dieser Auffassung von der großen Menschenwürde als innerer, unveränderlicher Eigenschaft der Selbstbestimmung wird – das ist entscheidend – *erst in einem zweiten Schritt* – wohl in starker, nicht aber expliziter Anlehnung an Kants zweite Formel des Kategorischen Imperativs – als bloßes zusätzliches Kriterium für eine *Verletzung* der Menschenwürde das Verbot der vollständigen Instrumentalisierung genannt (ebenso in der Abfolge: BVerfGE 115, 119). Das Bundesverfassungsgericht hat die Menschenwürde also keineswegs – wie von manchen behauptet wird – nur oder vorrangig über die Verletzungshandlung verstanden. Es ist somit außerordentlich irreführend und verkürzend, weil nur auf die Perspektive der äußeren Verletzungshandlung bezogen, wenn verschiedentlich in der Literatur nur von der «Objektformel» des Bundesverfassungsgerichts die Rede ist. Man muss vielmehr von der «Selbstbestimmungsformel» des Bundesverfassungsgerichts sprechen, die dann erst in einem zweiten Anwendungsschritt zur Beurteilung einzelner Verletzungshandlungen durch das Verbot der vollständigen Instrumentalisierung, also die «Objektformel», konkretisiert wird (was das Gericht aber später gelegentlich selbst weniger deutlich formuliert hat).

Dieser Ableitungszusammenhang zwischen primärer Interpretation der inneren Eigenschaft der Menschenwürde als Selbstbestimmung und bloß sekundärem, anwendungbezogenem Instrumentalisierungsverbot wurde im Übrigen auch in dem berühmten Aufsatz «Der Grundrechtssatz von der Menschenwürde» des Tübinger Staatsrechtslehrers Günter Dürig von 1956 formuliert, der für die Interpretation des Bundesverfassungsgerichts wegweisend war. Dürig stellt zunächst fest: «Jeder Mensch ist Mensch kraft seines Geistes, der ihn abhebt von der unpersönlichen Natur und ihn aus eigener Entscheidung dazu befähigt, seiner selbst bewusst zu werden, sich selbst zu bestimmen und sich und die Umwelt zu gestalten» (S. 125). Erst zwei Seiten später wird dann im Rahmen der konkreteren Anwendungsfrage, was ein *Angriff* auf die Menschenwürde ist, vorgeschlagen, die Menschenwürde sei als solche betroffen, «wenn der konkrete Mensch zum Objekt, zu einem bloßen Mittel, zur vertretbaren Größe herabgewürdigt wird» (S. 127). Für Dürigs Vorschlag gilt also genau dasselbe wie für die Rechtsprechung des Bundesverfassungsgerichts: Grundlegend ist das Verständnis der Menschenwürde als innerer, unveränderlicher Eigenschaft der Selbstbestimmung, also als große Menschenwürde. Erst darauf baut als Kriterium der Anwendung das Verbot der Instrumentalisierung auf.

14. Weitere internationale Regelungen

Als bloße Deklaration der Generalversammlung ist die Allgemeine Erklärung der Menschenrechte der Vereinten Nationen völkerrechtlich nicht verbindlich. Deshalb fanden sich die einzelnen Staaten bereits ab 1947 zu Verhandlungen über einen internationalen Menschenrechtspakt zusammen. Diese Verhandlungen waren vom Kalten Krieg überschattet und führten erst 1966 zum Abschluss zweier Pakte, die schließlich im Jahre 1976 in Kraft traten: dem *Internationalen Pakt über bürgerliche und politische Rechte* (IPbpR) und dem *Internationalen Pakt über wirtschaftliche, soziale und kulturelle Rechte* (IPwskR). Beide Pakte enthalten am Anfang einen Verweis auf die Charta der Vereinten Nationen und die Menschenwürde: «IN DER ERWÄGUNG, dass nach den in der Charta der Vereinten Nationen verkündeten Grundsätzen die Anerkennung der allen Mitgliedern der menschlichen Gesellschaft innewohnenden Würde und der Gleichheit und Unveräußerlichkeit ihrer Rechte die Grundlage von Freiheit, Gerechtigkeit und Frieden in der Welt bildet, IN DER ERKENNTNIS, dass sich diese Rechte aus der dem Menschen innewohnenden Würde herleiten, [...]». Mit der Hinzufügung des Wortes «innewohnenden» wird noch deutlicher, dass hier die innere, unveränderliche, große Menschenwürde gemeint ist. Gegenüber der *Allgemeinen Erklärung der Menschenrechte* wird nunmehr bei der zweiten Nennung betont, dass sich die Menschenrechte aus der Menschenwürde herleiten. Damit ist ein wichtiges zusätzliches Element des Verständnisses der Menschenwürde festgelegt: Die Menschenwürde ist die Grundlage der Menschenrechte – womit freilich nicht ausgeschlossen ist, dass die Menschenwürde selbst ein Menschenrecht ist.

Die Auseinandersetzungen des Kalten Krieges und die Skepsis verschiedener Länder verhinderten allerdings, dass jenseits des nicht rechtsverbindlichen Verweises auf Erwägungen in der Präambel die Menschenwürde auch in den konkreten rechtsverbindlichen Gewährleistungen der beiden internationalen Pakte umfassend verankert werden konnte, wie es Art. 1 AEMR nahegelegt hätte. Art. 10 I IPbpR gebietet nur die Wahrung der Würde im Fall der Freiheitsentziehung. Und Art. 13 IPwsR statuiert die Würde als Bildungsziel. Die Menschenwürde ist auch in verschiedenen regionalen Pakten normiert worden, etwa in der *Amerikanischen Menschenrechtskonvention* vom 18.1. 1978 in den Art. 5 II, 6 II und 11. Und die Präambel des *Übereinkommens gegen Folter und andere grausame, unmenschliche oder erniedrigende Behandlung oder Strafe* der UNO vom 10. Dezember 1984 nennt sie und wiederholt den Ableitungszusammenhang zwischen Menschenwürde und Menschenrechten. Aber auf globaler Ebene besteht noch keine umfassende und zugleich detaillierte, völkerrechtlich verbindliche, ausdrückliche Rechtsverbürgung der Menschenwürde.

15. Die EU-Grundrechtecharta von 2000

Ein wesentlicher Meilenstein in der europäischen Geschichte des Schutzes der Menschenwürde wurde mit der EU-Grundrechtecharta von 2000 gelegt: Dort heißt es zu Beginn der Präambel: «Die Völker Europas sind entschlossen, auf der Grundlage gemeinsamer Werte eine friedliche Zukunft zu teilen, indem sie sich zu einer immer engeren Union verbinden. In dem Bewusstsein ihres geistig-religiösen und sittlichen Erbes gründet sich die Union auf die unteilbaren und universellen Werte der Würde des Menschen, der Freiheit, der Gleichheit und der Solidarität».

Noch wichtiger ist, dass Art. 1 der EU-Grundrechtecharta dann unter der Überschrift «Würde des Menschen» wie Art. 1 GG eine ausdrückliche Rechteverbürgung der Menschenwürde enthält: «Die Würde des Menschen ist unantastbar. Sie ist zu achten und zu schützen.» Die Qualifikation der Menschenwürde als unantastbar, also im Kern unveränderliche Eigenschaft des Menschen, und die Stellung vor den folgenden Rechten des Lebens, der Integrität der Person und des Schutzes vor Folter zeigt eindeutig, dass hier die große Würde einer inneren, im Kern unveränderlichen und allgemeinen Eigenschaft des Menschen gemeint ist. Dies wird dadurch erhärtet, dass dann Art. 4 im selben, mit «Würde des Menschen» überschriebenen Abschnitt, neben der Folter zusätzlich unmenschliches und demütigendes Verhalten gegenüber Menschen verbietet, also außer der großen Menschenwürde auch noch – ohne dass der Ausdruck «Würde» in diesem Artikel noch einmal Verwendung fände – die kleine und mittlere Würde der äußeren, veränderlichen Eigenschaft der wesentlichen sozialen Stellung des Menschen vor unmenschlichem und demütigendem Verhalten schützt.

Art. 25 gebietet weiterhin, dass die Europäische Union ein Recht der Älteren anerkennt, ein Leben in Würde und Unabhängigkeit zu führen und am sozialen und kulturellen Leben teilzunehmen. Nach Art. 31 gilt schließlich, dass jeder Arbeitnehmer ein Recht auf Arbeitsbedingungen hat, die seine Gesundheit, seine Sicherheit und seine Würde respektieren.

Bei beiden Vorschriften geht es wohl eher um die Lebensführung, also um die äußere, veränderliche Eigenschaft der sozialen Stellung und somit um die kleine Würde, wobei ein Bezug zur inneren Eigenschaft der großen Würde erkennbar ist. Auch die ökonomische Würdebedingung dürfte mitumfasst sein.

Die Grundrechtecharta der Europäischen Union wurde in Art. 6 I des EU-Vertrags für unmittelbar anwendbares EU-Recht erklärt. Somit haben alle Bürger der Europäischen Union ein Recht auf Achtung und Schutz ihrer großen wie ihrer kleinen und mittleren Menschenwürde sowie der ökonomischen Würdebedingung. Zumindest für die Bürger der Europäischen Union ist also der im Vorwort geschilderte Siegeszug der Menschenwürde in rechtlich-normativer Hinsicht weitgehend vollendet. Die faktische Durchsetzung des Respekts vor der Menschenwürde ist allerdings in der EU wie im Rest der Welt noch keineswegs an ihr Ziel gelangt. So haben sich etwa Großbritannien und Polen ursprünglich in einem Zusatzprotokoll zusichern lassen, dass dadurch die Befugnisse des EUGH nicht ausgeweitet und keine neuen, gegenüber ihnen einklagbaren Rechte geschaffen werden.

16. Außereuropäische Traditionen?

Sachlich gilt die Menschenwürde universell, weil alle Menschen nach Selbstbestimmung über ihre eigenen Belange und nach gleicher sozialer Stellung streben. In der Charta und Allgemeinen Menschenrechtserklärung der Vereinten Nationen sowie in vielen internationalen Verträgen wurde die Menschenwürde auch weltweit anerkannt. Sie ist also nunmehr Gemeingut der gesamten Menschheit. Die Bewusstwerdung der Menschenwürde hat aber geistesgeschichtlich ihren Schwerpunkt im griechisch-lateinischen, christlich-jüdischen und europäischen Denken. Gibt es auch andere Traditionen? Gregor Paul hat im Werk des chinesischen Philosophen Menzius im Begriff «tianjue» eine unveränderliche Fähigkeit zur Moralität und Kultur, eine Möglichkeit zur Selbstbestimmung, die einen «himmlischen Rang» bedeutet, lokalisiert (Konzepte der Menschenwürde in der klassischen chinesischen Philosophie). Dies soll ein Begriff der Menschenwürde sein (große Würde). Weiterhin bedeutet der Begriff «renjue» veränderliche Ehre, Rang und Selbstachtung (kleine Würde). Und die Sure 17/70 des Korans wird im Islam verschiedentlich so übersetzt: «Nun haben wir fürwahr den Kindern Adams (Menschen-)Würde verliehen [...] und sie weit über alle Dinge unserer Schöpfung begünstigt.» Der Mensch wird hier also immerhin ähnlich wie in der christlich-jüdischen Tradition als von Gott geehrt verstanden. Und bei der Formulierung der UN-Menschenrechtserklärung waren ein Chinese und ein Libanese maßgeblich beteiligt. Zur weiteren Diskussion muss auf die im Literaturanhang genannte Literatur verwiesen werden.

III. Auffassungen der Menschenwürde

Trotz des gefestigten Begriffsverständnisses und der klaren rechtlichen Regelung der Menschenwürde im Sinne der großen, kleinen, mittleren und ökonomischen Würde finden sich vor allem in der Philosophie die unterschiedlichsten Vorschläge zu einer Interpretation des Begriffs der Menschenwürde. Manche versuchen, den Begriff zu reduzieren, nicht selten weil er zu ihrer reduktiven oder utilitaristischen bzw. konsequentialistischen Ethikvorstellung nicht passt. Die folgenden Interpretationen der Menschenwürde sind nach abnehmender Stärke bzw. zunehmend reduktivem Charakter geordnet.

1. Selbstbestimmung über die eigenen Belange

Ausgangspunkt der stärksten Interpretation ist der große Begriff der Menschenwürde, wie er seit zweitausend Jahren vor allem von Cicero, den christlichen Denkern und Kant entwickelt und durch die Charta und Allgemeine Menschenrechtserklärung der Vereinten Nationen sowie Art. 1 des deutschen Grundgesetzes und die EU-Charta statuiert ist, also der Begriff einer inneren, im Kern unveränderlichen, notwendigen und allgemeinen Eigenschaft des Menschen. Diese Eigenschaft wurde vor allem seit Kant von metaphysischen und religiösen Fundamenten gelöst und als Selbstbestimmung bzw. Autonomie des Menschen konkretisiert. Die weiterführende Frage lautet dann: Wie ist diese Menschenwürde als Selbstbestimmung genauer zu verstehen?

Einige neuere Autoren haben versucht, die innere Eigenschaft der großen Menschenwürde mit Hilfe des Begriffs der *Freiheit* zu konkretisieren, etwa als *Willensfreiheit* (Tiedemann, Menschenwürde als Rechtsbegriff, S. 253 ff.) oder als *innere Freiheit* (Goos, Innere Freiheit, S. 95 ff.). Die Interpretation als Freiheit ist sicherlich so weit zutreffend, als sich die Begriffe der Selbstbestimmung und der Freiheit in ihrer Bedeutung überlappen. Das ist allerdings nur teilweise der Fall. Worin liegt die Differenz? Der Begriff der Selbstbestimmung kann sich erstens auf die Entscheidungsfreiheit beschränken und hat zweitens auch eine praktisch-normative Bedeutung. Selbstbestimmung ist immer gegen Fremdbestimmung gerichtet, geschehe diese Fremdbestimmung durch andere, einen selbst oder einen Teil von einem selbst, etwa den eigenen Körper, z. B. im Fall der Folter. Der Begriff der Freiheit kann diese praktisch-normative Bedeutung des Begriffs der Selbstbestimmung annehmen und wird dann synonym mit dem Begriff der Selbstbestimmung. Der Begriff der Freiheit kann aber auch rein deskriptiv-theoretisch verstanden werden. Die normative Dimension ist also nicht notwendig für ihn. Was ist der Grund für diese Bedeutungsdifferenz zwischen den Begriffen der Freiheit und der Selbstbestimmung?

Der Begriff der Freiheit verweist – wie bereits Kant festgestellt hat – auf ein sehr grundlegendes Phänomen bzw. Faktum. Dieses Phänomen ist ohne Zweifel eine metaphysisch-ontologische Grundlage der Selbstbestimmung des Menschen und damit der großen Menschenwürde. Aber als metaphysisch-ontologische Grundlage umfasst das Faktum der Freiheit nicht die praktisch-normative Dimension der Selbstbestimmung. Das bedeutet: Der Begriff der Selbstbestimmung und damit der großen Menschenwürde setzt zwar die Freiheit als Faktum zumindest in der minimalen Form der Entscheidungsfreiheit voraus. Er verknüpft dieses Faktum aber bereits mit einer Bewertung bzw. Verpflichtung. Diese normative Dimension wird ausgeblendet, wenn man die Menschenwürde als Willensfreiheit oder innere Freiheit charakterisiert. Der Versuch, den Begriff der Menschenwürde durch den Begriff der Freiheit zu explizieren, geht also vom Begriff der Selbstbestimmung quasi einen Begründungschritt zurück, statt einen Schritt vorwärts zu gehen. Er formuliert die faktische Grundlage der Selbstbestimmung, konkretisiert die Selbstbestimmung aber nicht. Im Übrigen kann der Versuch, die Menschenwürde als Freiheit zu verstehen, auch nicht erklären, warum man den Menschenwürdebegriff noch benötigt, sofern man bereits den Freiheitsbegriff einsetzen kann. Es hat also methodisch keinen Sinn, den Begriff der Selbstbestimmung durch den metaphysisch-ontologisch grundlegenderen, gerade deshalb aber auch problematischeren und anspruchsvolleren Begriff der Freiheit zu definieren. Man wird vielmehr menschliche Eigenschaften aufsuchen müssen, welche auch normativ bedeutsam sind. Der Schlüssel zu einem besseren Verständnis des Begriffs der Selbstbestimmung liegt somit in seiner zusätzlichen, praktisch-normativen Dimension. Man muss fragen: Wie kommt es zu dieser Dimension? Oder anders ausgedrückt: Welche Eigenschaften des Menschen sind zugleich tatsächlich bestehend und normativ signifikant?

Mit dieser Formulierung der Frage gewinnt man Anschluss an eine ethische Diskussion, die seit mehreren Jahrhunderten geführt wird; genauer, seitdem sich in der Neuzeit der *normative Individualismus* als Grundlage der Ethik durchzusetzen begonnen hat, also die Auffassung, dass letztlich nur Individuen (Menschen, Tiere etc.) ethisch bedeutsame Wesen sind, nicht aber Kollektive wie die Sippe, die Rasse, die Nation, der Staat oder die Gesellschaft, was ein normativer Kollektivismus annimmt (vgl. von der Pfordten, Normative Ethik, S. 28; ders./Kähler, Normativer Individualismus in Ethik, Politik und Recht).

Sind letztlich nur Individuen ethisch bedeutsam, dann stellt sich die Frage, welche Eigenschaft dieser Individuen normativ-ethisch relevant ist. Dazu gibt es eine unübersehbare Vielzahl von Vorschlägen: Streben nach Selbsterhaltung (Hobbes), faktische Einwilligung (Locke), Wille, Willkür (Rousseau, Kant), Lust und Leid bzw. Nutzenbefriedigung (Bentham, Mill, Utilitarismus), Rechte (Nozick, Dworkin), Bedürfnisse (Marx, Apel), Freiheiten (v. Hayek), Interessen (Patzig, Hoerster, Höffe), Präferenzen (Arrow, Gauthier), Wohlergehen (Griffin, Raz), Fähigkeiten (Sen, Nussbaum), fiktive Zustimmung bzw. Rechtfertigung (Rawls, Scanlon, Habermas, Koller).

Zur Lösung sollte man sich Folgendes vor Augen halten: Will man die Individuen wirklich als solche ernst nehmen, so darf man ihnen keine bestimmte Eigenschaft von außen zuschreiben, sondern muss sie grundsätzlich selbst entscheiden lassen, welcher Aspekt ihrer Individualität im Rahmen ethischer Konflikte ausschlaggebend sein soll. Eine solche Selbstentscheidung ist aber natürlich im Rahmen einer abstrakten ethischen Theorie nicht für konkrete Konflikte und konkrete Individuen möglich. Dann muss man zumindest Eigenschaften suchen, durch welche die Selbstentscheidung der Individuen möglichst ernst genommen wird. Das führt zur Unhaltbarkeit der Reduktion der normativen Eigenschaften auf Lust und Leid, also der mangelnden Erklärungskraft des Hedonismus: Es mag sein, dass manche unserer einzelnen Belange motivational auf Lust und Leid rückführbar sind oder zumindest auch Aspekte von Lust und Leid enthalten. Aber wir nehmen als entscheidungsfähige Wesen für uns in Anspruch, körperliche Strebungen bzw. Bedürfnisse der Lustvermehrung und Leidvermeidung noch einmal durch unseren Willen und unsere geistigen Fähigkeiten zu bewerten. Wir setzen etwa ein Tennisspiel trotz verletzungsbedingter Schmerzen fort. Wir helfen anderen, weil wir dazu ethisch und moralisch verpflichtet sind, selbst wenn dies Gefühle der Unlust bei uns erzeugt. Diesem Anspruch auf eine Bewertung körperlicher Strebungen und Bedürfnisse, der ein zentraler Ausdruck unserer Individualität und unseres Selbstverständnisses ist, muss eine Ethik Rechnung tragen. Dabei ist es nicht nur erforderlich, dass die gesuchten Eigenschaften tatsächlich vorhanden sind, sondern auch, dass sie eine normative Dimension aufweisen. Neben der Selbstbestimmung über die entscheidende Eigenschaft ist also weiterhin ihr *normativer Charakter* wesentlich. Bloß tatsächliche Eigenschaften ohne diesen normativen Charakter können diese praktische Aufgabe nicht ausfüllen. Auch aus diesem Grund können Lust und Leid nicht als letzte Eigenschaften überzeugen, denn sie sind faktische Gefühle ohne eine letztentscheidende normative Dimension. Dies kann man einfach daran sehen, dass man sich zu Lust und Leid noch einmal normativ verhalten kann. Man kann also etwa in einem konkreten Fall die eigene Lust wünschen oder nicht wünschen und dann ist – anders als z.B. bei Bedürfnissen – nur der Wunsch normativ entscheidend.

An dieser Stelle können nicht alle erwähnten Vorschläge diskutiert werden. Nur die wesentlichen inneren Eigenschaften, welche sowohl tatsächlich bestehen als auch verpflichtend sind, sollen genannt werden: *Strebungen*, *Bedürfnisse*, *Wünsche* und *Ziele* des Menschen (vgl. von der Pfordten, Normative Ethik, S. 50ff.). Diese vier Eigenschaften stehen in einem Kontinuum bzw. einer Reihe von Abstufungen zwischen *körperlicher* und *geistiger Bestimmtheit*: *Strebungen* sind rein vegetativ-körperlich fundierte und orientierte Eigenschaften, die der Aufrechterhaltung der körperlichen Einheit jenseits der bloßen Wirkung der physikalischen Grundkräfte dienen. Sie lassen sich als lokale und zeitweilige Umkehrung der allgemeinen physikalischen Entropie kennzeichnen und finden sich nur bei Lebewesen, nicht aber bei lebloser Materie, wie Steinen oder Gewässern. Eine Strebung des Menschen ist z.B. die nach Erhaltung der Körpertemperatur. *Bedürfnisse* haben häufig eine körperliche Basis, sind aber geistig beeinflussbar, etwa im Hinblick auf den Zeitpunkt und den Umfang der Befriedigung. Sie finden sich nur bei Tieren und Menschen, etwa das Bedürfnis nach Nahrung, nach Flüssigkeit etc. *Wünsche* haben gelegentlich auch eine körperliche, primär aber eine geistige Komponente. Die geistige Komponente kann sich anders als bei Bedürfnissen vollständig durchsetzen, also die Befriedigung des Wunsches inhaltlich modifizieren oder sogar ganz unterdrücken. Wünsche finden sich hauptsächlich bei Menschen, möglicherweise auch bei höheren Tieren, etwa der Wunsch nach Geselligkeit, Schutz, Abenteuer, Unterhaltung, neuen Erlebnissen, Vergnügen. *Ziele (Absichten)* sind schließlich rein geistige Eigenschaften, etwa die Veränderung der Gesellschaft, das Erreichen einer beruflichen Stellung, das Verfassen eines Buches, der Erwerb von Besitz. Die vier normativ-ethisch relevanten Begriffe der Strebungen, Bedürfnisse, Wünsche und Ziele lassen sich mit den abstrakteren Begriffen der *Belange* bzw. *Interessen* zusammenfassen.

Diese Belange und Interessen schützen die Menschenrechte, wie sie seit dem 18. Jahrhundert in den klassischen Menschenrechtserklärungen und dann in vielen Verfassungen und internationalen Verträgen statuiert wurden: das Recht auf Leben, auf körperliche und psychische Unversehrtheit, auf Freiheit der

Handlung, der Bewegung, der Religion, der Meinung, der Kunst, des Eigentums usw. Sind aber diese Belange schon durch die klassischen Menschenrechte gesichert, dann stellt sich die zentrale Frage: Worin kann dann noch die Menschenwürde bestehen? An dieser entscheidenden Stelle muss man sich des im Vorwort geschilderten *späten Bewusstwerdens und der spät erreichten Spitzenstellung der Menschenwürde in der Normenhierarchie* erinnern. Die Menschenwürde ist spät zum Bewusstsein gelangt und spät statuiert worden, weil sie keinen einfachen, primären Belang des Menschen, wie Leben, Leib, Psyche, Freiheit von Handlung, Bewegung, Religion, Meinung, Eigentum etc. darstellt. Worin liegt dann aber die normative Eigenschaft der Menschenwürde, wenn sie einerseits ein wesentlicher Belang des Menschen ist, andererseits aber kein derart inhaltlich primärer Belang?

Zur Beantwortung dieser Frage ist es notwendig, sich vor Augen zu führen, dass *wir sekundäre Wünsche und Ziele mit Bezug auf primäre Belange haben*. Wir können also etwa den sekundären Wunsch fassen, das primäre Bedürfnis nach Sport oder den primären Wunsch nach schöner Musik zu entfalten (vgl. zu sekundären Wünschen: Frankfurt, Freedom of the Will and the Concept of a Person). Und wir können das sekundäre Ziel ausprägen, unseren primären Wunsch nach Süßspeisen einzuschränken und uns ehrgeizigere ökologische oder soziale Ziele zu stecken. Wünsche und Ziele sind also im Gegensatz zu Bedürfnissen und Strebungen *aufeinander beziehbar* bzw. *iterierbar*, das heißt mögliche Eigenschaften zweiter und höherer Ordnung gegenüber primären Strebungen, Bedürfnissen, Wünschen und Zielen, also anderen normativ relevanten Eigenschaften primärer bzw. niederer Ordnung. Der Grund liegt darin, dass Wünsche und Ziele notwendig *willentlich (intentional)* sind. Nur weil Wünsche und Ziele willentlich sind, können sie sich auf andere moralisch relevante Eigenschaften beziehen. Die Intentionalität ist dabei nicht nur eine *repräsentierende*, sondern auch eine *bewertende*. Wir haben also mit unseren Wünschen und Zielen die Fähigkeit, uns nicht nur repräsentierend auf die anderen moralisch relevanten Eigenschaften zu beziehen, sondern auch bewertend. Wir können auf diese Weise zwischen unseren moralisch relevanten Eigenschaften eine eigene, subjektive Rangordnung aufbauen. Wir können etwa das Ziel, einen Brief zu beenden, dem Bedürfnis, etwas zu essen, überordnen. Ein wesentlicher Aspekt menschlicher Personalität und Individualität besteht gerade darin, im Laufe des Lebens eine solche, vernunft- und gefühlsmäßig gut begründete Rangordnung der eigenen Belange zu entwickeln und in einzelnen Entscheidungssituationen anzuwenden. So möchte etwa der eine seine Wünsche nach schönen Kunstwerken, der andere nach Sport, der dritte nach gutem Essen kultivieren.

Damit ist die gesuchte weitere Konkretisierung der großen Menschenwürde als Selbstbestimmung erreicht: Die innere, unveränderliche Eigenschaft der großen Menschenwürde ist die Eigenschaft der tatsächlichen oder wenigstens potentiellen *Selbstbestimmung über die eigenen Belange, das heißt die Bestimmung der eigenen Belange primärer bzw. niederer Stufe durch die Wünsche und Ziele zweiter bzw. höherer Stufe*. Ein wesentlicher Teil unseres Selbstverständnisses beruht auf dieser Selbstbestimmung über unsere eigenen Belange.

Die Auffassung der Menschenwürde als Selbstbestimmung über die eigenen Belange erster bzw. niederer Stufe passt gut zur häufigen – wenn auch, wie sich oben ergab, textinterpretatorisch zum Zeitpunkt der *Grundlegung zur Metaphysik der Sitten* nicht gerechtfertigten – Identifikation des Menschenwürdebegriffs mit dem Verbot der ausschließlichen Instrumentalisierung des Menschen in Kants zweiter Formel des Kategorischen Imperativs. Fragt man sich, was es überhaupt bedeuten kann, den anderen nicht nur als Mittel zu gebrauchen, so genügt es nicht, einzelne Belange erster Stufe nicht zu missachten. Werden die Wünsche und Ziele hinsichtlich eigener Belange, also die normativen Eigenschaften zweiter bzw. höherer Stufe negiert, dann impliziert das auch eine Verneinung aller Belange erster bzw. niederer Stufe. Darf jemand nicht einmal mehr über seine Wünsche und Ziele bezüglich seiner eigenen Belange entscheiden, dann sind auch alle Belange erster Stufe als eigenständige Interessen entwertet. Auf diese Weise wird verständlich, wie ein Anderer vollständig instrumentalisiert werden kann, ohne dass es sich nur um die allgemeine ethische Anforderung handelt, Andere überhaupt als ethisch relevante Wesen mit eigenen Belangen zu respektieren.

Das Verständnis der Menschenwürde als Selbstbestimmung über die eigenen Belange kann erklären, warum man sich der Menschenwürde sehr viel später als der anderen Menschenrechte bewusst wurde und warum die Menschenwürde sehr viel später die Spitzenstellung in der Normhierarchie erreicht hat. Der Schutz der primären Belange war zunächst dringlicher. Erst als man diese bedacht und geregelt hatte, konnte die Reflexion und Normierung zu den Belangen zweiter und höherer Ordnung übergehen. Wie bei allen Metaphänomenen ist auch beim Phänomen der Selbstbestimmung über die eigenen Belange eine abstraktere und damit weitergehende Reflexion erforderlich, die vorab die Erkenntnis der konkreteren Belange der ersten Stufe wie Leben, Leib, Freiheit und Eigentum voraussetzt.

Die erreichte Spitzenstellung der Menschenwürde in der Normhierarchie folgt zwei Einsichten: Zum einen unterscheidet die Selbstbestimmung über die eigenen Belange den Menschen stärker von anderen Lebewesen. Zum anderen hebt sie den je einzelnen Menschen inhaltlich in stärkerem Maße von anderen einzelnen Menschen ab.

Die Würde als Fähigkeit des Menschen, sich gegenüber den eigenen Belangen noch einmal vernunft- und gefühlsmäßig verhalten zu können, ist als wesentliche Grundlage der Selbstachtung eine notwendige Fähigkeit des In-Sich-Ruhens und der inneren Unabhängigkeit. Diese Fähigkeit erschöpft sich zwar nicht im Vermögen, moralisch zu handeln, weil die Bedürfnisse, Wünsche und Ziele erster Stufe nicht unbedingt andere betreffen müssen, sondern sich auch nur auf den Akteur beziehen können. Aber sie ist doch eine notwendige Voraussetzung, um moralisch zu sein, weil jedes genuin moralische Handeln eine derartige Einschränkung eigener Neigungen und Triebe auf einer Metaebene der Bewertung eigener und fremder Interessen voraussetzt.

Die Konkretisierung der Menschenwürde als innere Eigenschaft der Selbstbestimmung über die eigenen Belange bezieht sich auf eine nicht bezweifelte, allgemeine, in äußeren Anzeichen und verbalen Selbstbeschreibungen empirisch feststellbare Eigenschaft des Menschen. Es wird soweit ersichtlich von niemandem bestritten, dass der Mensch derartige Belange zweiter und höherer Stufe hat. Diese Konkretisierung der Menschenwürde als Selbstbestimmung über die eigenen Belange bedarf also keiner starken metaphysischen, ontologischen oder religiösen Annahmen. Sie kann somit auch von metaphysischen Skeptikern und Agnostikern akzeptiert werden. Gläubige Menschen haben jedoch die Möglichkeit, diese spezifisch menschliche Eigenschaft der Selbstbestimmung über die eigenen Belange religiös zu verstehen. Ein wesentlicher Aspekt der spezifischen menschlichen Freiheit, Vernünftigkeit oder Gottesebenbildlichkeit würde dann in der einzigartigen Fähigkeit des Menschen zu Zielen und Wünschen zweiter und höherer Stufe gegenüber eigenen Belangen erster bzw. niederer Stufe bestehen.

Fasst man die innere, notwendige Würde des Menschen derart als seine Fähigkeit zur Selbstbestimmung gegenüber den eigenen Belangen, so lassen sich unumstrittene Verletzungen der Menschenwürde wie Folter, Sklaverei und Zwangsarbeit erklären:

Warum ist *Folter* eine Verletzung der Menschenwürde? Sowohl die Zufügung von großem Leid ohne die Zustimmung des Betroffenen als auch der Zweck der Willensbrechung widersprechen wichtigen Bedürfnissen des Gefolterten und sind schon deshalb negativ zu bewerten. Es kann aber bestimmte Situationen geben, in denen eine dieser Formen der negativen Einwirkung auf den Einzelnen als gerechtfertigt angesehen werden muss, etwa die Verurteilung zu einer Freiheitsstrafe wegen einer Straftat (Zufügung von großem Leid) oder der unmittelbare Zwang der Polizei zur Gefahrenabwehr (Brechung des Willens). Das Besondere der Folter liegt in der *zweckgerichteten Verbindung beider* negativer Einwirkungen, also der instrumentellen Verbindung des physischen oder psychischen Leids mit der Willensbrechung: Das physische oder psychische Leid wird zugefügt, *um* den Willen zu brechen. Durch das große Leid und den großen Schmerz bringt der eigene Körper oder die eigene Psyche den Gefolterten dazu, dem fremden Willen des Folterers zu folgen. Der Wille des Gefolterten, nichts preiszugeben, und sein eigener Körper oder seine eigene Psyche, welche das große Leid und den großen Schmerz für den Betroffenen unerträglich machen und so die Preisgabe erzwingen, werden auf diese Weise zueinander in einen für den Betroffenen zerstörerischen Widerspruch gezwungen. Die natürliche Einheit des Menschen von Wille und Empfindung wird «auseinandergerissen». Der Gefolterte erlebt sich durch die Folter in seiner Integrität als freies, willensbestimmtes Geistwesen und als leid- und schmerzempfindliches Körper- und Seelenwesen negiert. Die natürliche Fähigkeit, durch Wünsche und Ziele zweiter Stufe über die eigenen primären körperlichen Strebungen und körperlichen und seelischen Bedürfnisse und Wünsche zu entscheiden, wird stark reduziert. Die Folter verletzt so die Selbstbestimmung über die eigenen Belange.

Bei der *Sklaverei* wird der Versklavte vollständig vom Sklavenhalter fremdbestimmt. Diese Fremdbestimmung beherrscht nicht nur zentrale Belange erster Stufe, wie den Körper des Sklaven, seinen Wohnort, seine Tätigkeit usw., sondern auch wesentliche Belange zweiter und höherer Stufe, etwa seinen Willen, einen Wunsch nach Freiheit und selbstbestimmter Arbeit zu bilden. Aber selbst wenn – was schwer vorstellbar ist – in einem konkreten Fall der Sklavenhalter die Belange zweiter Stufe des Sklaven nicht zu beeinflussen suchte, gälte doch: Die Ausprägung eigenständiger Belange zweiter Stufe ist für den Sklaven sinnlos, wenn seine Belange erster Stufe praktisch vollständig vom Sklavenhalter bestimmt werden. Darin liegt die Verletzung der großen Menschenwürde durch die Sklaverei. Der Sklaverei in der Verletzung der Menschenwürde vergleichbar ist der vollständig fremdbestimmende Verkauf von Menschen, etwa zum Kriegsdienst oder zur Prostitution.

Bei der *Zwangsarbeit* handelt es sich schließlich um eine Art beschränkter Sklaverei, die mit der Arbeit einen wesentlichen Lebensbereich des Menschen umfasst. Der Zwangsarbeiter kann nicht mehr selbstbestimmt entscheiden, welche Bedürfnisse, Wünsche und Ziele er mit seiner Arbeit befriedigen bzw.

verfolgen will. Durch die vollständige Bestimmung der Belange erster Stufe eines wesentlichen Lebensbereichs wird die Bildung von Belangen zweiter Stufe sinnlos. Auch hier ist die große Menschenwürde, also die Selbstbestimmung über die eigenen Belange, verletzt. Zugleich verletzen Folter, Sklaverei und Zwangsarbeit natürlich als massive, ungleiche und ungerechtfertigte Abwertung der wesentlichen sozialen Stellung des Menschen auch die kleine und mittlere Menschenwürde.

Erkennt man die große Menschenwürde als Selbstbestimmung über die eigenen Belange an, so stellt sich die Frage, ob davon auch das bloße *Leben* des Menschen im natürlichen Sinne umfasst ist. Oder anders formuliert: Verletzt die bloße Tötung eines Menschen bereits die große Menschenwürde im Sinne der Selbstbestimmung über die eigenen Belange? Die Frage wurde in zwei Sachverhalten wesentlich, die das Bundesverfassungsgericht zu entscheiden hatte: dem Schwangerschaftsabbruch, also der Tötung des Embryos im Mutterleib (BVerfGE 39, 1 ff.), und der Legalisierung des Abschusses eines von Terroristen gekaperten Flugzeugs, also der Tötung der Insassen durch Staatsorgane, um das Leben einer größeren Zahl von Opfern am Boden zu retten (BVerfGE 115, 118). In beiden Fällen hat das Bundesverfassungsgericht eine Verletzung der Menschenwürde durch die Tötung angenommen und deshalb die Legalisierung des Schwangerschaftsabbruchs sowie des Abschusses verworfen. Und die EU-Grundrechtecharta hat das Recht auf Leben im Artikel 2 in das erste Kapitel, welches mit «Würde des Menschen» überschrieben ist, eingeordnet.

Das Leben des Menschen hat den Bestand seines Körpers zur Bedingung. Die Selbstbestimmung des Menschen über seine eigenen Belange ist dagegen eine geistige Fähigkeit. Diese geistige Fähigkeit lässt sich klar vom körperlichen Leben des Menschen unterscheiden. Insofern sind körperliches Leben und Menschenwürde begrifflich trennbar. Allerdings sind sie faktisch notwendig verbunden (Schweidler, Über Menschenwürde, S. 147, 150). Das körperliche Leben des Menschen ist die notwendige Bedingung der geistigen Fähigkeit der Selbstbestimmung über die eigenen Belange. Ohne körperliches Leben kann diese Eigenschaft des Menschen nicht bestehen. Mit dem Ende des körperlichen Lebens erlöschen die geistigen Fähigkeiten. Das bedeutet: Jede Tötung eines Menschen beendet dessen tatsächliche Selbstbestimmung über die eigenen Belange und damit dessen Ausübung der großen Menschenwürde. Darüber hinaus ist menschliches Denken immer auch ein natürlicher Vorgang in unserem Gehirn. Die Trennung zwischen Körper und Geist kann also auch zu Lebzeiten des Menschen keine absolute sein. Fraglich ist, was aus diesen beiden Aspekten der notwendigen Verbindung von körperlichem Leben und Menschenwürde normativ folgt.

Eine Antwort ergibt sich mit Bezug auf die Doppelnatur der Menschenwürde als einerseits tatsächliche menschliche Eigenschaft und andererseits ethischer Wert: Soweit es um die Menschenwürde als tatsächliche menschliche Eigenschaft geht, ist eine begriffliche Trennung möglich. Wir können das körperliche Leben von der Selbstbestimmung über die eigenen Belange unterscheiden. Soweit dagegen die Menschenwürde als ethischer Wert und deren Achtung als ethische, moralische und rechtliche Pflicht in Rede stehen, können beide Phänomene nicht vollkommen separat bewertet bzw. einer Verpflichtung unterworfen werden. Dies verbietet der faktische Bedingungscharakter des körperlichen Lebens für die Menschenwürde. Das hat zur Folge, dass die Tötung eines Menschen immer auch dessen Menschenwürde tangiert, weil sie seine Selbstbestimmung über die eigenen Belange gegenwärtig und in der Zukunft vernichtet. Aber das geschieht immer uno acto und zwangsläufig, so wie die Tötung eines Menschen notwendig auch die Verletzung seines Körpers einschließt. Der wesentliche Unrechtsgehalt der Tötung ergibt sich deshalb regelmäßig aus dieser selbst und nicht aus der Zerstörung der Selbstbestimmung über die eigenen Belange.

Ein zusätzlicher Unrechtsgehalt der Menschenwürdeverletzung kann dann nur in der spezifischen Form der Tötung liegen. Dies ist etwa der Fall, wenn Folter, Sklaverei oder Zwangsarbeit zum Tod führten. Es ist auch der Fall, wenn die Tötung eine schwere Demütigung darstellt, also zusätzlich die kleine bzw. mittlere Menschenwürde verletzt.

2. Wesentliche soziale Stellung, Selbstachtung und Schutz vor Demütigungen

Neben der großen Menschenwürde der Selbstbestimmung über die eigenen Belange haben alle Menschen auch die *kleine Menschenwürde* der äußeren, veränderlichen Eigenschaft ihrer *wesentlichen sozialen Stellung*. Die *mittlere Menschenwürde* der *grundlegenden Gleichheit* der sozialen Stellung, wie sie Pufendorf zum ersten Mal gefasst hat (Kap. II. 6.), bildet den sehr wichtigen Grenzfall dieser Eigenschaft.

Die kleine und mittlere Menschenwürde ist begrifflich von verschiedenen Theoretikern als Wahrung der sozialen Stellung bzw. der Selbstachtung sowie des Schutzes vor Entwürdigung bzw. Demütigung präzisiert worden (vgl. etwa Margalit, Stoecker, Rosen, Hörnle). Zur Beurteilung dieser Auffassungen sollte man sich zunächst den grundlegenden Zusammenhang zwischen wesentlicher sozialer Stellung, Selbstachtung und dem Schutz vor Demütigungen vor Augen führen: Grundlage der kleinen bzw. mittleren Menschenwürde ist die *äußere Eigenschaft* der veränderlichen – bzw. im Grenzfall der mittleren Menschenwürde im Ausgang unveränderlichen – *wesentlichen sozialen Stellung* des einzelnen Menschen innerhalb von Gemeinschaften. Diese Gemeinschaften haben verschiedenen Radius. Er reicht von der Familie über die Sippe bzw. den Clan, das Dorf, die Religionsgemeinschaft, die Ethnie, die Nation, den Staat bis hin zur gesamten Menschheit.

Der äußeren Eigenschaft der wesentlichen sozialen Stellung des einzelnen Menschen entspricht seine *innere Eigenschaft der veränderlichen Selbstbewertung* mit Bezug auf diese jeweilige wesentliche soziale Stellung, wobei man mit Avishai Margalit weiter zwischen der *Selbstachtung* (*selfrespect*) der gleichen Selbstbewertung als Mensch und dem *Selbstwertgefühl* (*selfesteem*) der besonderen Selbstbewertung im Hinblick auf spezielle Leistungen, Verdienste oder Positionen unterscheiden kann (Margalit, The Decent Society, S. 44 ff.). Der mittleren Menschenwürde der wesentlich gleichen sozialen Stellung korrespondiert dann die Selbstachtung, der kleinen Menschenwürde der sozialen Stellung durch Leistung usw. das Selbstwertgefühl.

Die veränderliche Selbstbewertung hängt bis zu einem gewissen Grade von der äußeren sozialen Stellung ab, beeinflusst diese aber auch regelmäßig. Inwieweit beides geschieht, ist variabel, also von Mensch zu Mensch verschieden, je nachdem, wie ernst der Einzelne seine soziale Stellung nimmt. Die Stoa forderte den Einzelnen auf, seine Selbstbewertung nicht von der sozialen Stellung beeinflussen zu lassen (Seneca, Über das glückliche Leben, 12 f.). Die Selbstbewertung sollte allein von der sittlichen Vollkommenheit abhängen (S. 62 f.). Dass diese sehr idealistische Auffassung bzw. Verpflichtung nicht der Wirklichkeit menschlicher Psyche mit ihrer erheblichen wechselseitigen Abhängigkeit von Selbstbewertung und sozialer Stellung entspricht, bedarf keiner weiteren Erläuterung.

Natürlich gibt es auch eine Selbsteinschätzung des Menschen unabhängig von seiner sozialen Stellung. Diese besteht aus einer Selbstbeschreibung und daran möglicherweise anknüpfenden Selbstbewertung des Menschen, etwa als Naturwesen, Vernunftwesen oder Geschöpf Gottes. Aber da diese Selbsteinschätzung ausschließlich von der faktischen Selbsteinschätzung des Einzelnen jenseits seiner sozialen Stellung abhängt, können unterschiedliche theoretisch-beschreibende Auffassungen keine Erniedrigung bzw. Demütigung implizieren, also die kleine und mittlere Menschenwürde nicht tangieren, etwa durch die Propagierung der theoretischen Auffassung, der Mensch sei bloßes Körperwesen. Nur wenn einzelne Menschen überhaupt nicht als Menschen anerkannt werden, verletzt dies die mittlere Menschenwürde der natürlichen Gleichheit der wesentlichen sozialen Stellung aller Menschen.

Die soziale Stellung und die Selbstbewertung des Einzelnen hängen in starkem Maße von der *Fremdbewertung* durch die anderen Mitglieder der jeweiligen Gemeinschaft ab, also von der Bewertung des Betreffenden bzw. seiner sozialen Stellung durch andere. Diese Bewertung kann positiv oder negativ ausfallen. Im ersten Fall spricht man von einer *Aufwertung* oder *Anerkennung*. Jemand bekommt etwa ein Lob, einen Preis oder einen Orden. Im zweiten Fall spricht man von einer *Abwertung* oder *Aberkennung*. Jemand erfährt einen Tadel, einen Verweis oder eine Strafe. Die soziale Stellung des Einzelnen steht also in doppelseitiger Wechselwirkung zwischen Selbstbewertung einerseits und Fremdbewertung andererseits:

Selbstbewertung ←——→ soziale Stellung ←——→ Fremdbewertung

Bewertungen und damit auch Abwertungen der sozialen Stellung eines Menschen durch andere müssen leider ständig erfolgen. Man denke an negative Bewertungen in der Schule, im Beruf, in der Freizeit und in der Öffentlichkeit. Derartige Abwertungen stellen keine Verletzung der kleinen Menschenwürde dar, sofern sie begründet sind, also sowohl den Tatsachen als auch den humanen und gleich beurteilenden Regeln der jeweiligen Gemeinschaft entsprechen. Wer falsch parkt und eine Verwarnung erhält, wird abgewertet. Aber darin liegt natürlich noch keine Verletzung der kleinen bzw. mittleren Menschenwürde.

Worin besteht dann eine Verletzung der kleinen bzw. mittleren Menschenwürde, eine Demütigung bzw. Erniedrigung des Einzelnen? Sicherlich z. B. darin, dass jemand einen anderen anspuckt, also erniedrigend behandelt. Aber was passiert in diesen Fällen? Margalit hat eine Demütigung im Ausschluss aus der Familie der Menschheit und der Zurückweisung aus anderen legitimen umfassenden Gruppen bzw. dieser Gruppen selbst gesehen (The Decent Society, S. 108 ff., 135 ff.). Während der Ausschluss eines Menschen aus der Menschheit – wie sich soeben ergab – unzweifelhaft seine mittlere Menschenwürde verletzt, bedarf der Ausschluss aus legitimen, umfassenden Gruppen oder der Gruppen selbst der weiteren Diskussion. Danach soll eine legitime, umfassende Gruppe einen gemeinsamen Charakter und eine gemeinsame Kultur haben. Es soll sich nicht um kleine Gruppen des unmittelbaren Umgangs handeln, sondern um größere anonyme Gruppen, die für die Identifikation von Mitgliedern und Nichtmitgliedern eine Reihe von Symbolen, Zeremonien, Ritualen, Ereignissen und Accessoires benötigen

(S. 139), z. B. eine religiöse Gemeinschaft, eine ethnische Gruppe, eine soziale Klasse.

Ein erstes Problem dieser Auffassung liegt in der Bestimmung, was eine «legitime» Gruppe ist. Hierüber muss entschieden werden und diese Entscheidung ist keinesfalls für alle Kulturen eindeutig. In der griechischen Antike sah man etwa zeitweilig die Gruppe der Freunde junger Knaben als legitim an, während man das heute strikt ablehnen würde. Fraglich ist zudem, ob das von Margalit vorgeschlagene Exklusionskriterium notwendig bzw. hinreichend für eine Verletzung der kleinen bzw. mittleren Würde ist, ob also jeder Ausschluss aus einer legitimen, umfassenden Gruppe immer auch eine Verletzung der kleinen bzw. mittleren Menschenwürde bedeutet und umgekehrt. Darf eine Religionsgemeinschaft nicht selbst für sich entscheiden, ob jemand nach ihrem Verständnis «rechtgläubig» ist, und ihn im Falle der Verneinung ausschließen, ohne ihn zu demütigen, also seine kleine Menschenwürde zu verletzen? Und ist das Bespucken eines Rekruten durch einen Vorgesetzten bei voller Anerkennung seiner Zugehörigkeit zur umfassenden Gruppe der Armee oder der jeweiligen militärischen Einheit nicht dennoch eine Demütigung und damit Verletzung der kleinen bzw. mittleren Würde? Margalits Ausschlusskriterium scheint deshalb als abstrakter Maßstab zugleich zu weit und zu eng zu sein. Selbst wenn man nicht bestreiten will, dass manche Ausschlüsse aus legitimen Gruppen – etwa der Ausschluss von Professoren aus der Universität aus für die Wissenschaft irrelevanten, rassischen oder politischen Gründen – Menschenwürdeverletzungen darstellen, so wird man doch nicht bezweifeln können, dass dies für andere ausschließende Handlungen nicht gilt, etwa den Ausschluss aus Religionsgemeinschaften, sofern ein Mitglied wichtige Regeln nicht einhält. Im Übrigen gibt es offenbar Handlungen, welche die kleine und mittlere Menschenwürde verletzen, etwa das Anspucken, ohne aus einer Gruppe auszuschließen.

Zur Konkretisierung der Frage, welche wesentliche Abwertung eine Demütigung und damit eine Verletzung der kleinen bzw. mittleren Würde darstellt, wird man vielmehr den Kern dieser Würdeeigenschaft ins Auge fassen müssen. Der Kern dieser Würdeeigenschaft liegt nun aber – wie sich oben ergab – nicht in der Abwertungshandlung, also der Demütigung oder Erniedrigung auf der einen Seite, und auch nicht in der Minderung der Selbstbewertung des Gedemütigten auf der anderen Seite. Das sind nur innere und äußere Aspekte, die mehr oder minder direkt und regelmäßig mit der Abwertung der sozialen Stellung des Betroffenen verbunden sind. Der Kern der kleinen und mittleren Würde liegt vielmehr in der *äußeren Eigenschaft der wesentlichen sozialen Stellung des Betroffenen* selbst. Diese wesentliche soziale Stellung macht die kleine bzw. mittlere Würde des Einzelnen aus. Und diese wesentliche soziale Stellung hängt von vielen Faktoren ab: den Regeln einer Gemeinschaft, den Fakten, auf die sich diese Regeln beziehen, dem früheren Verhalten des Betroffenen, dem früheren Verhalten der anderen Mitglieder der Gemeinschaft usw. Bei der mittleren Würde ist schließlich die natürliche Gleichheit jedes Menschen als Wesen mit Gedanken, Gefühlen und Belangen entscheidend. Die kleine bzw. mittlere Würde des Menschen besteht darin, dass all diese Faktoren nicht in gravierender Art und Weise falsch oder zumindest ungerechtfertigt missachtet werden. Verbietet eine Regel in einer Gesellschaft das Anspucken anderer, so stellt die Missachtung dieser Regel eine Verletzung der kleinen bzw. mittleren Menschenwürde dar, vorausgesetzt diese Missachtung impliziert eine schwere, ungerechtfertigte Abwertung der wesentlichen sozialen Stellung des Betroffenen, die vom Verletzer auch gewollt oder zumindest in Kauf genommen wird.

Manche der erwähnten Theoretiker wollen mit ihrem Verständnis der Menschenwürde als Schutz vor Demütigungen nicht nur den kleinen und mittleren Begriff der Menschenwürde konkretisieren. Sie behaupten darüber hinausgehend, dass darin der *einzige* Menschenwürdebegriff bestehe. Sie verneinen also, dass die Selbstbestimmung über die eigenen Belange als Menschenwürde anzusehen und zu schützen sei. Nach dem bisher Ausgeführten bedarf es keiner Betonung, dass diese Reduktion des Menschenwürdebegriffs auf die kleine und mittlere Menschenwürde nicht überzeugen kann. Bei der Eigenschaft der Selbstbestimmung über die eigenen Belange handelt es sich um ein unbestrittenes empirisches Faktum, das wie alle Belange zugleich eine normative Dimension entfaltet. Gesteht man aber zu, dass alle primären Belange normativ-ethische und dann auch moralische und rechtliche Berücksichtigung verdienen, ist nicht einzusehen, warum unsere sekundären und höherstufigen Belange, die unsere individuelle Persönlichkeit und unser Selbstverständnis in so enormem Maße prägen, nicht als menschenwürdekonstituierend anerkannt und ethisch, moralisch und rechtlich geschützt werden sollen.

Die Reduktion des Menschenwürdebegriffs auf die veränderliche soziale Stellung und die Selbstbewertung kann auch nicht erklären, warum die Menschenwürde in vielen Deklarationen und Verfassungen als «unantastbar» bzw. «innewohnend» gekennzeichnet wurde. Sie kann schließlich nicht begründen, warum wir die Menschenwürde sowohl in der Ethik als auch im Recht als höher oder zumindest gleich hoch wie die fundamentalen Belange von Leib, Leben und Psyche bewerten. Ihre soziale Stellung sehen fast alle Menschen – im Gegensatz zur stoischen Forderung – als sehr wichtig an. Aber Leib, Leben und Psyche sind uns regelmäßig wichtiger. Schließlich wird die Reduktion der Menschenwürde auf die wesentliche soziale Stellung und die Selbstbewertung weder Geschichte noch Gegenwart des Menschenwürdebegriffs und Menschenwürdeschutzes gerecht. Auch wenn das niemand so deutlich sagt, liegt darin implizit eine Reduktion des bereits rechtlich und international erreichten Menschenwürdeschutzes. Dafür besteht kein Grund und es ist deshalb erforderlich, sich dagegen zu wenden.

3. Ökonomische Bedingungen der Verwirklichung

Verschiedentlich wird die Menschenwürde in Weiterführung der Lassalle'schen Forderung nach einem menschenwürdigen Dasein und Art. 151 der Weimarer Reichsverfassung auf die *ökonomischen bzw. materiellen Voraussetzungen* der menschlichen Existenz erstreckt, also im Sinne der *ökonomischen Würdebedingung* verstanden. Nach 1945 hat etwa der marxistische Philosoph Ernst Bloch die Schaffung menschenwürdiger Lebensbedingungen gefordert (Naturrecht und menschliche Würde). Nach Werner Maihofer hat der Staat alle Verhältnisse abzuschaffen, auch solche der außerstaatlichen Sphäre, welche die Menschenwürde beeinträchtigen (Maihofer, Rechtsstaat und menschliche Würde, S. 39 ff.). Und für Günter Dürig soll sich aus der Menschenwürde ein einklagbares, subjektives öffentliches Recht auf Fürsorge ergeben (Der Grundrechtssatz von der Menschenwürde, S. 117, 132). Das Bundesverfassungsgericht hat nach anfänglicher Ablehnung (BVerfGE 1, 97 (104 f.)) geurteilt, dass eine staatliche Verpflichtung zum Schutz des menschenwürdigen Daseins bestehe, welche das Gebot zur Sicherung bzw. Belassung des Existenzminimums umfasse (BVerfGE 40, 121 (133); 82, 60 (85); 125, 175 (222 ff.)).

Hinsichtlich der ökonomischen Würdebedingung wird man zwischen der großen sowie der kleinen und mittleren Menschenwürde unterscheiden müssen. Bei der großen Menschenwürde gilt: Die Selbstbestimmung über die eigenen Belange ist als unveränderliche, innere Eigenschaft des Menschen prinzipiell unverlierbar und damit im Kern unantastbar. Aber sie kann durch bestimmte Handlungen anderer in ihrer Ausübung eingeschränkt werden, etwa durch Folter, Sklaverei und Zwangsarbeit. Fraglich ist demnach, ob bestimmte äußere ökonomische bzw. materielle Voraussetzungen, bei denen andere es unterlassen, diese zu ändern, obwohl sie dazu verpflichtet sind, derartigen gravierenden Einschränkungen der Selbstbestimmung über die eigenen Belange gleichkommen. Das wird man bejahen müssen, sobald die Schwierigkeit der alltäglichen Befriedigung der elementaren Bedürfnisse für den Betroffenen so dominant ist, dass für ihn wie bei der Sklaverei eine Verwirklichung von Belangen zweiter und höherer Ordnung faktisch aussichtslos ist. Beispiele wären Hunger, Obdachlosigkeit, Kleidungsmangel, schwere Krankheit, massive hygienische Unterversorgung, große Armut. In all diesen Fällen ist die Freiheit, Belange zweiter und höherer Ordnung zu bilden, so stark durch die unbefriedigten Bedürfnisse erster Ordnung eingeschränkt, dass die zur Solidarität Verpflichteten helfen müssen, also vor allem die Familie und die politische Gemeinschaft. Nur dann kann der Betroffene ein selbstbestimmtes Leben und damit eine menschenwürdige Existenz führen.

Wie sind die ökonomischen Voraussetzungen bei der kleinen und mittleren Menschenwürde zu beurteilen? Im Mangel bestimmter materieller Lebensbedingungen kann eine Menschenwürdeverletzung lediglich insofern liegen, als damit eine Demütigung verbunden ist (Spaemann, Über den Begriff der Menschenwürde, S. 307). Entscheidend ist also, dass über die bloße materielle Ungleichheit oder die Armut hinaus der wesentliche soziale Status des Betroffenen gravierend und ungerechtfertigt abgewertet wird. Im Falle großer Armut bestünde eine solche demütigende Abwertung sicherlich in der fehlenden Befriedigung der elementaren Bedürfnisse in einer Gemeinschaft bzw. Gesellschaft, sofern eine Grundversorgung zur Sicherung einer menschenwürdigen Existenz für alle möglich wäre.

4. Anspruch oder Ergebnis von Anerkennung bzw. Erzeugung?

Während die bisher erörterten Auffassungen die Menschenwürde als tatsächlich bestehende Eigenschaft des Menschen bzw. ökonomischer Verhältnisse verstehen, soll die Menschenwürde nach Meinung einiger Skeptiker ein bloßer normativer *Anspruch* gegenüber anderen sein oder von der *Anerkennung* durch andere oder der *Erzeugung* durch die Begriffs- bzw. Wertegemeinschaft oder gar der Philosophie abhängen.

Nach Peter Schaber soll die Menschenwürde lediglich in einem solchen normativen Anspruch bestehen, den Personen anderen gegenüber legitim geltend machen können (Schaber, Instrumentalisierung und Würde, S. 49 ff.). Dabei soll es sich um den Anspruch auf Selbstachtung handeln, welche wiederum im Recht der Person liege, über wesentliche Bereiche des eigenen Lebens verfügen zu können (S. 52). Mit dieser Auffassung wird die tatsächliche Eigenschaft der Menschen, Wünsche und Ziele in Bezug auf eigene Belange oder eine wesentliche soziale Stellung zu haben, vierfach relativiert: (1) Nicht die tatsächliche Eigenschaft der Menschenwürde als Selbstbestimmung über die eigenen Belange und wesentliche soziale Stellung wird anerkannt, sondern nur ein normativer Anspruch, der nach Grund, Inhalt und Reichweite zweifelhaft und diskutierbar ist. (2) Dieser normative Anspruch soll sich dann aber nicht wenigstens direkt auf die Selbstbestimmung oder wesentliche soziale Stellung beziehen, sondern nur auf die je individuelle, veränderliche «Selbstachtung» als «Weise ... wie man mit sich und mit anderen umgeht» (S. 52). (3) Die geschützte Selbstachtung wird wiederum nicht tatsächlich verstanden, sondern nur als «Recht», also ihrerseits normativer Anspruch. (4) Schließlich soll kein Recht des Individuums, über sein Leben als Ganzes und damit über alle Aspekte zu verfügen, bestehen, sondern lediglich ein Recht über «wesentliche Bereiche» zu bestimmen, was ebenfalls nur normativ festlegbar ist. Dieser reduktive Vorschlag zum Verständnis der Menschenwürde weicht von den bisher dargestellten historischen, politischen und rechtlichen Begriffen sowie Regelungen der Moral, der Politik und des Rechts sehr weitgehend ab. Er entbehrt deshalb der Überzeugungskraft, denn jede philosophische Theorie muss zunächst die begrifflich erkannte Wirklichkeit aufnehmen.

Im Sinne einer «Anerkennung durch andere» versteht Hasso Hofmann die Menschenwürde (Die versprochene Menschenwürde, S. 353 ff.). Bei der Würde soll es sich um einen «Relations- und Kommunikationsbegriff» handeln. Schutzgut sei die «mitmenschliche Solidarität». Die Würde könne nicht losgelöst von einer konkreten Anerkennungsgemeinschaft gedacht werden. Und auch für Jürgen Habermas beruht die Würde lediglich auf den interpersonalen Beziehungen reziproker Anerkennung (Die Zukunft der menschlichen Natur. Auf dem Weg zu einer liberalen Eugenik, S. 67). Nach Georg Mohr soll sogar erst die Philosophie bzw. die allgemeine Geistesgeschichte die Menschenwürde erzeugt haben (Ein «Wert, der keinen Preis hat», S. 37). Die Menschenwürde sei bloßes soziales Konstrukt der wechselseitigen Anerkennung, ein Produkt der Kommunikation zwischen Personen (S. 36). Hans Jörg Sandkühler versteht die Menschenwürde als «Zuschreibung einer Bedeutung, eines Zeichens aus praktischen Gründen», als ein «Postulat der praktischen Vernunft» (Recht und Staat nach menschlichem Maß, S. 76 ff.; Menschenwürde und Menschenrechte, S. 44 ff.).

Auch diese Meinungen widerstreiten dem Verständnis der Menschenwürde als tatsächlicher Eigenschaft. Nicht mehr die wirkliche Selbstbestimmung über die eigenen Belange oder die wesentliche soziale Stellung des einzelnen betroffenen Menschen soll für die Menschenwürde entscheidend sein, sondern die bloße normative Anerkennung bzw. kommunikative Erzeugung durch die soziale Gemeinschaft oder gar die Philosophen und damit die Fremdbestimmung durch andere bzw. ein Kollektiv. Abgesehen von Sandkühlers These vom praktischen Postulat ist diese Auffassung der Kant'schen Theorie diametral entgegengesetzt. Die Menschenwürde wäre auf diese Weise von einer tatsächlich bestehenden Moral oder der Anerkennung einer historischen bzw. aktuellen Gesellschaft oder gar der Erzeugung durch die Gemeinschaft der Philosophen abhängig. Hat eine Sklavenhalter-, Folter- oder Ausbeutergesellschaft die Menschenwürde noch nicht anerkannt, dann besteht sie auch nicht. Und warum sie bestehen bleiben soll, wenn sie von einer Gesellschaft, etwa einer von George Orwell in seinem Roman «1984» beschriebenen, nicht mehr anerkannt wird, ist nicht einzusehen. Soll die Anerkennung einer Gesellschaft die Menschenwürde erst erzeugen, dann muss die Aberkennung durch diese Gesellschaft die Menschenwürde auch beseitigen. Was die große Menschenwürde gerade bedeutet, nämlich die Unabhängigkeit der Selbstbestimmung des Menschen von der gesellschaftlichen Anerkennung, wird mit dieser Meinung verneint.

Erkennt man die Selbstbestimmung der Menschen über ihre Belange als tatsächlich bestehend, kann nur noch fraglich sein, ob man diese mit dem Begriff der Menschenwürde in Verbindung bringt. Die Tradition hat dies getan und es ist kein Begriff ersichtlich, der besser dazu geeignet wäre. Aber nicht nur der großen Menschenwürde kann diese Meinung nicht gerecht werden. Auch die kleine und mittlere Menschenwürde verfehlt sie: Die soziale Stellung steht quasi in der Mitte und in Wechselwirkung zur Selbstbewertung und Fremdbewertung (s. o. S. 68), ohne dass eine dieser beiden Bewertungsquellen einen Vorrang für sich in Anspruch nehmen könnte. Die Anerkennungs- bzw. Erzeugungstheorien zerstören diese grundlegende Balance von

Selbst- und Fremdbewertung, weil sie nicht nur die Ausgestaltung, sondern bereits die Konstitution der sozialen Stellung des Einzelnen gänzlich von der Fremdbewertung durch eine Gemeinschaft bzw. die Gesellschaft abhängig machen wollen.

Ist aber das Verständnis der Menschenwürde als Selbstbestimmung über die eigenen Belange nicht eine «substantialistische Spekulation über spirituelle Eigenschaften» (Mohr, Ein «Wert, der keinen Preis hat», S. 37)? Zunächst ist mit Kant abstrakt-philosophisch einzuräumen, dass keine menschliche und damit beschränkte Erkenntnis den Wesenskern eines Dings an sich oder einer Substanz erfassen kann. Verzichtet man auf diesen starken metaphysischen Anspruch, welchen aber weder die Wissenschaft noch die Alltagsauffassung erheben, so bleiben die prinzipiell widerlegbaren Erkenntnisse von Eigenschaften, die wir für andere und uns selbst haben. Manche dieser Erkenntnisse beziehen sich auf äußere Eigenschaften wie die Körpergröße, andere auf innere, geistige Eigenschaften wie Schmerz, Freude und Wollen, die nichts mit «Substantialität» zu tun haben. Obwohl wir diese inneren, geistigen Eigenschaften nicht direkt sehen, hören, riechen, schmecken oder tasten, also sinnlich wahrnehmen können, sondern aus äußeren Indizien und Verbalisationen erschließen müssen, bestreitet niemand ernsthaft ihre Realität. Und falls doch, wird ihn die Frage «Tut Ihnen dies hier weh?» bei jedem Arztbesuch vom Gegenteil überzeugen. Anhänger eines naturalistischen Reduktionismus können auch versuchen, diese geistigen Eigenschaften in chemisch-biologische Vorgänge zu übersetzen.

Unter diesen geistigen Eigenschaften gibt es einige, die neben ihrer Tatsächlichkeit auch Normativität haben. Oben waren Strebungen, Bedürfnisse, Wünsche und Ziele als derartige mentale Eigenschaften mit einem solchen zusätzlichen normativen Anspruch identifiziert worden. Und wer wollte bestreiten, dass Menschen derartige Belange haben? Unser gesamtes Rechts-, Sozial- und Wirtschaftssystem fußt auf dieser einmütigen Überzeugung. Gibt es aber Wünsche und Ziele, dann ist nicht einsehbar, warum unsere Auffassung, dass sich Wünsche und Ziele auch auf eigene Belange richten können, irrtümlich sein sollte.

Damit ist die Selbstbestimmung über die eigenen Belange unabhängig von sozialer Anerkennung oder Konstruktion akzeptiert.

Aber ist nicht zumindest die kleine und mittlere Würde bloße soziale Konstruktion? Seine soziale Stellung ist eine äußere, nichtkörperliche Eigenschaft des Menschen. Sie wird durch Fremd-, aber auch durch Eigenbewertungen beeinflusst. Das gilt aber nur für die konkrete inhaltliche Ausgestaltung. Das formale Faktum einer wechselseitigen Bewertung ist dagegen keine Konstruktion einzelner historischer Gesellschaften, sondern eine überzeitliche und überkulturelle Eigenschaft, denn man muss annehmen, dass alle Menschen aller Zeiten und Kulturen andere Menschen und sich selbst bewertet haben. Fremd- und Selbstbewertung der Menschen sind anthropologische Konstanten. Ein wesentlicher Teil der Soziologie erforscht derartige Fakten sozialer Bewertung auf wissenschaftlich-empirische Weise. Auch hinsichtlich der kleinen und mittleren Menschenwürde ist es also verkürzend, sie nur als soziales Konstrukt zu verstehen. Schließlich widerspricht auch das Fehlen ökonomischer Würdebedingungen wie bei Hunger, Obdachlosigkeit oder schwerer Krankheit grundlegenden menschlichen Bedürfnissen und ist deshalb kein bloßes soziales Konstrukt.

5. Bündelung zentraler Interessen bzw. Rechte?

Vor allem Vertreter des Utilitarismus bzw. Konsequentialismus verneinen jeden Charakter der Menschenwürde als selbständige Eigenschaft. Bei der Menschenwürde soll es sich nur um ein Wort bzw. einen Begriff handeln, mit dessen Hilfe andere zentrale Rechte bzw. Interessen gebündelt und mit einem besonderen Wert ausgezeichnet werden. Die Bedeutung des Begriffs der Menschenwürde wird also wie bei den soeben erörterten Anerkennungs- und Erzeugungstheorien von der Eigenschafts- auf die Bewertungsebene verschoben. Während letztere der Menschenwürde aber immerhin einen selbständigen normativen Status als Recht bzw. Wert zugestehen, spricht ihr die Bündelungsthese sogar diesen selbständigen normativen Status ab. Die Bündelungsthese ist mit Bezug auf die Menschenwürde also noch skeptischer und reduktiver als die Anerkennungs- bzw. Erzeugungstheorien.

Dieter Birnbacher hat 1995 die Auffassung vertreten, die Menschenwürde sei mit einem Ensemble vier grundlegender Rechte gleichzusetzen, welches dem Einzelnen unabhängig von Leistungen, Verdiensten und Qualitäten zukomme (Mehrdeutigkeiten im Begriff der Menschenwürde, S. 6ff.): 1. Versorgung mit den biologisch notwendigen Existenzmitteln, 2. Freiheit von starkem und fortdauerndem Schmerz, 3. minimale Freiheit sowie 4. minimale Selbstachtung. Diese vier Komponenten sollen als eine Art Minimalbestand an «Grundgütern» aufgefasst werden, derer niemand beraubt werden darf.

Gegen diesen Versuch einer Reduktion der Menschenwürde auf andere Rechte spricht: Erstens umfassen die von Birnbacher genannten Rechte gerade nicht die hier identifizierten Kerngehalte der Menschenwürde, also die Selbstbestimmung über die eigenen Belange und die wesentliche soziale Stellung. Zweitens widerspräche eine solche Modifikation des Menschenwürdebegriffs der im ersten Kapitel geschilderten Begriffsgeschichte. Drittens ist ein solches reduktives Verständnis der Menschenwürde weder mit dem tatsächlichen noch mit dem rechtlichen Verständnis des Begriffs im Grundgesetz und internationalen Konventionen und Deklarationen vereinbar. Schließlich sind die von Birnbacher genannten Rechte auch teilweise zu weit und unbestimmt, um als Rechte auf den Schutz der Menschenwürde zu gelten. So ist die Freiheit von starkem und fortdauerndem Schmerz zwar sicherlich Gegenstand einer ethischen bzw. moralischen Hilfspflicht. Aber ob im Falle einer Verletzung gegen diese Pflicht auch die Menschenwürde tangiert ist, erscheint doch sehr fraglich. Wer einem anderen im Rahmen einer als soziale Praxis nicht unüblichen Wirtshausrauferei einen sehr und fortdauernd schmerzhaften Kinnhaken versetzt, handelt sicher unmoralisch und strafbar, verletzt aber kaum dessen Menschenwürde. Man wird eine solche Verletzung nur annehmen können, wenn auch die Selbstbestimmung oder die soziale Stellung wesentlich vermindert werden. Birnbachers Vorschlag einer Modifikation des Menschenwürdebegriffs kann also nicht überzeugen.

Birnbacher hat seine Position in den letzten Jahren selbst abgeschwächt: Zum einen hat er sein Bündel von Rechten um die Erniedrigung, Demütigung, Verächtlichmachung sowie unfreiwillige Unterwerfung unter fremde Zwecke mit der schwerwiegenden Schadensfolge einer Totalinstrumentalisierung ergänzt, also gerade um Verletzungshandlungen gegen diejenigen Eigenschaften, welche die große sowie die kleine und mittlere Menschenwürde bilden. Zum anderen betont er nun, dass selbst diese erweiterte Liste den Gehalt der Menschenwürde nicht erschöpfe (Menschenwürde und moderne Medizintechnik, S. 46). Die Liste ist dabei aber in ihrer Weite noch problematischer geworden, etwa wenn eine Menschenwürdeverletzung schon darin liegen soll, dass einem anderen mögliche Hilfe in unverschuldeten Notlagen verweigert wird. Verletzt jemand jenseits seiner einfachen ethischen Hilfspflicht auch die Menschenwürde eines anderen, wenn er diesem nach einem bloßen Blechschaden nicht beisteht? Das wird man kaum annehmen können. Umfasst aber die Aufzählung der einzelnen, angeblich von der Menschenwürde gebündelten Rechte auch die Kerngehalte des traditionellen Begriffsverständnisses, enthält diese Aufzählung zudem Rechte, die über die Menschenwürde hinausgehen, und wird schließlich zugestanden, dass die aufgezählten Rechte den Menschenwürdebegriff nicht erschöpfen, so ist von der reduktionistischen Bündelungsthese kaum etwas Überzeugendes übrig geblieben.

6. Ein leeres, verzichtbares Wort bzw. eine Illusion?

Die extremste reduktionistische Meinung zur Menschenwürde führt die skeptische Tradition von Bentham über Schopenhauer bis zu Nietzsche fort (II. 9). Nach dem Behavioristen B. F. Skinner gibt es keine geistigen Eigenschaften, sondern nur eine Würdigung durch andere (Beyond Freedom and Dignity, S. 15, 44 ff.). Wir würdigen Verhalten, indem wir die Angemessenheit einer Verstärkung dieses Verhaltens zu schätzen wissen.

Verschiedentlich wird die Meinung geäußert, der Begriff der Menschenwürde gehe nicht über den Begriff der Autonomie hinaus und sei deshalb praktisch nutzlos (Macklin, Dignity is a Useless Concept; Pinker, The Stupidity of Dignity; Lenzen, Fortschritte in der Bioethik?, S. 23; Borchers, Menschenwürde in der Angewandten Ethik, S. 129ff.). Die Menschenwürde bezieht sich aber nicht auf die Selbstbestimmung als solche, sondern wie erläutert auf die wesentliche Konkretisierung der Selbstbestimmung über die eigenen Belange, also das Verhältnis zwischen primären und sekundären bzw. höheren Belangen. Derartige Konkretisierungen abstrakterer Begriffe haben einen eigenständigen Inhalt und sind keinesfalls nutzlos: Obwohl der Begriff der Eiche den Begriff des Baums konkretisiert, hat er einen eigenen Bedeutungsgehalt. Wer etwa behauptet, dass sich alle Eichen für die Herstellung von Möbeln eignen, behauptet noch lange nicht, dass dies für alle Bäume zutrifft. Ähnliches gilt für die Menschenwürde: Wer die Selbstbestimmung über die eigenen Belange für unantastbar hält, der behauptet dies noch lange nicht für alle Ausprägungen der Selbstbestimmung.

Der Begriff der Autonomie umfasst darüber hinaus weder die wesentliche soziale Stellung eines Menschen, also die kleine Menschenwürde, noch deren unabänderliche Gleichheit, also die mittlere Menschenwürde, noch die ökonomischen bzw. materiellen Verwirklichungsbedingungen der Menschenwürde. Der Begriff der Menschenwürde hat folglich gegenüber demjenigen der Autonomie einen wesentlich eigenen Inhalt.

Norbert Hoerster hält den Begriff der Menschenwürde für ein «normativ besetztes Schlagwort ohne jeden deskriptiven Gehalt» (Ethik des Embryonenschutzes, S. 24). Und für F. J. Wetz ist die Menschenwürde eine Illusion (Illusion Menschenwürde). Die bisherigen Überlegungen haben gezeigt, dass die Menschenwürde weder ein leeres Schlagwort ohne deskriptiven Gehalt noch eine Illusion ist. Die Wünsche und Ziele zweiter Ordnung der Menschen, ihre wesentliche soziale Stellung sowie deren reale Bedingungen sind zumindest indirekt wahrnehmbare Tatsachen. Wer glaubt, dass viele Menschen, Verfassungsgeber, Politiker und Philosophen in zahlreichen Ländern und auf internationaler Ebene seit Jahrhunderten nur leere Worte verwenden und sich einer Illusion hingeben, der schätzt deren Erkenntnisfähigkeit als sehr gering ein und bedarf triftiger Begründungen. Sowohl an der Selbstbestimmung über die eigene Belange als auch an der sozialen Stellung lässt sich nicht ernsthaft zweifeln. Überdies haben die Menschen ein sehr großes Interesse an diesen Belangen, so dass der Menschenwürdebegriff auch nicht verzichtbar ist.

7. Wer ist Träger der Menschenwürde bzw. des Menschenwürdeschutzes?

Welchen Wesen kommt die Menschenwürde zu? Bei dieser Frage ist sorgfältig zwischen den erwähnten (Teil-)Begriffen der Menschenwürde zu unterscheiden. Weiterhin ist zwischen der *ethischen* und der *rechtlichen* Bewertung zu differenzieren. Schließlich ist genau zwischen der faktischen *Eigenschaft der Menschenwürde* und dem normativen *Menschenwürdeschutz*, also der *Verpflichtung zur Achtung der Menschenwürde* zu trennen.

Letzteres ist insbesondere dann wichtig, wenn Handlungen eine zeitliche Fernwirkung haben. Man denke sich zum besseren Verständnis dieses zentralen Unterschieds folgendes Beispiel: Der dreißigjährige A vergräbt im Garten seiner Wohnsiedlung eine Bombe mit einem Zeitzünder, welcher die Bombe erst in 120 Jahren zur Explosion bringen wird. Bei dieser Explosion werden mit Sicherheit sehr viele Menschen ums Leben kommen. Keiner dieser Menschen existiert heute schon und A wird nicht mehr leben, wenn die Bombe explodiert. Trotzdem verstößt A bereits zum Zeitpunkt des Vergrabens der Bombe moralisch und auch rechtlich gegen das Tötungsverbot (Strafbarkeit des Versuchs), obwohl die letzte Handlungsfolge der Tötung von Menschen noch nicht eingetreten ist und vielleicht nie eintreten wird, etwa weil der Zünder der Bombe versagt oder die Bombe vorher entschärft wird. Das bedeutet: Handlungen mit zeitlicher Fernwirkung können bereits zum Zeitpunkt der Ausführung der Handlung moralisch und rechtlich verwerflich sein, selbst wenn die Folgen erst später oder nie eintreten und selbst wenn die Betroffenen mit ihren Belangen noch gar nicht existieren oder der Täter zum Zeitpunkt des Eintritts der Folgen nicht mehr leben wird. Entscheidend für die ethische, moralische und rechtliche Beurteilung ist (allerdings nicht unrevidierbar) bereits die fragliche Handlung, sofern ein bestimmtes Resultat nur wahrscheinlich eintreten wird und vorhersehbar sowie vermeidbar ist. Anders als manche Vertreter des Konsequentialismus meinen, muss zu einer Bewertung nicht erst der Eintritt des Resultats abgewartet werden. Die Interessen zukünftiger Generationen sind somit schon jetzt zu berücksichtigen, auch wenn die einzelnen menschlichen Individuen als Teil dieser zukünftigen Generationen noch gar nicht existieren bzw. noch nicht individualisierbar sind. Diskutabel ist allenfalls die Gewichtigkeit dieser Interessen zukünftiger Menschen.

Die Selbstbestimmung eines Menschen über seine eigenen Belange entfaltet sich als psychisches Faktum erst im frühen Kindesalter und endet mit dem Tod. In diesem Zeitraum kann der tatsächliche Bestand seiner Selbstbestimmung über die eigenen Belange nicht zweifelhaft sein und folglich auch nicht die normative Verpflichtung zur Achtung seiner großen Menschenwürde. Aber was ist davor und danach?

Für die Zeit davor und danach muss man fragen, ob nicht in normativer Hinsicht ein Menschenwürdeschutz zu bejahen ist, obwohl sich die Eigenschaft der Selbstbestimmung über die eigenen Belange als individuelles psychisches Faktum noch nicht entwickelt hat oder nicht mehr besteht. Dafür gibt es wenigstens vier Strategien:

1. Die erste Strategie verweist auf die Diskrepanz zwischen der realen Unsicherheit der faktischen Erkenntnis und der notwendigen Sicherheit der normativen Verpflichtung. Weil es unsicher ist, wann die Selbstbestimmung über die eigenen Belange beim Kleinkind tatsächlich einsetzt, muss der normative Menschenwürdeschutz einen sicheren Zeitpunkt angeben, der zweifelsfrei und praktisch handhabbar ist. Für den Beginn des Menschenwürdeschutzes wird dies die Geburt sein, weil jeder Zeitpunkt danach unsicher und wenig praktikabel wäre. Aber wie steht es mit dem Zeitraum vor der Geburt und nach dem Tod?

2. Eine zweite Strategie zur Vorverlagerung des Menschenwürdeschutzes versucht entweder eine Potentialität des Embryos gegenüber dem geborenen Kind oder eine Identität des Embryos mit dem geborenen Kind oder eine Kontinuität von Kind und Embryo geltend zu machen (kritisch: Dietrich/Czerner, Menschenwürde und vorgeburtliches Leben, S. 496ff.). Ohne ihre Argumente hier im Detail erörtern zu können, lässt sich das Gemeinsame dieser Strategie leicht erkennen: Potentialität, Identität und Kontinuität sind zusätzliche Kennzeichnungen, die vielleicht für den Embryo und das geborene Kind als Wesen bzw. Entität faktisch zutreffen, nicht aber für die fragliche Eigenschaft der Selbstbestimmung über die eigenen Belange. Darin liegt die Achillesferse dieser Strategie: Zusätzliche faktische Kennzeichnungen des Embryos können nicht begründen, warum die Eigenschaft der Selbstbestimmung über die eigenen Belange trotz ihres tatsächlichen Nichtbestehens Schutz verdient.

3. Eine dritte Strategie ist in ihren tatsächlichen Annahmen sparsamer und deshalb überzeugender. Sie verweist auf die eingangs erwähnte Unterscheidung zwischen der Verletzungshandlung und dem tatsächlichen Eintritt der Verletzung, die besonders in Fällen zeitlicher Fernwirkung wichtig ist. Auch wenn die tatsächliche Verletzung des psychischen Faktums der Selbstbestimmung über die eigenen Belange erst nach der Geburt des Kindes eintritt, kann die Verletzungshandlung schon vor der Geburt ethisch, moralisch und rechtlich verwerflich sein. So wäre es z. B. ethisch verwerflich, einen Embryo so zu verändern oder zu verletzen, dass er seine Selbstbestimmung über die eigenen Belange nicht oder nur eingeschränkt entwickeln kann und mit stark reduzierten geistigen Fähigkeiten leben muss. Der Schutz der Menschenwürde beginnt also schon vor der tatsächlichen Ausprägung der tatsächlichen Eigenschaft der Selbstbestimmung über die eigenen Belange. Da es sich bei diesem Schutz um eine Verpflichtung und ein Recht handelt, ist es weder möglich noch notwendig, ein bestimmtes Entwicklungsstadium des Embryos für diesen Schutz festzulegen. Würde etwa jemand ein Gift wissentlich oder zumindest fahrlässig versprü-

hen, das zukünftige menschliche Ei- oder Samenzellen derart schädigt, dass Menschen, die aus diesen Ei- oder Samenzellen entstünden, keine Selbstbestimmung über ihre eigenen Belange entfalten könnten, so wäre dies – vergleichbar dem Beispiel der vergrabenen Bombe – bereits zum Zeitpunkt der Ausbringung des Giftes ethisch verwerflich und eine Menschenwürdeverletzung. Die dritte Strategie ist also im Gegensatz zur zweiten erfolgreich und führt zur Ausweitung des Menschenwürdeschutzes nach vorn. Bereits vor der Entstehung des Embryos ist seine spätere Selbstbestimmung über seine eigenen Belange geschützt und mit seiner Entstehung konkretisiert sich dieser Schutz auf ihn als Individuum.

4. Eine vierte Strategie ist schließlich, die Fortwirkung des Menschenwürdeschutzes über den Tod hinaus zu behaupten. Ausgangspunkt dieser Strategie ist der Verweis auf primäre Interessen. Primäre Interessen, also Strebungen, Bedürfnisse, Wünsche und Ziele erster Stufe können zukunftsgerichtet sein und diese Zukunft kann auch nach dem Tod ihres Trägers liegen. Wir werden etwa durch ein zu Lebzeiten verfasstes Testament auch nach dem Tod des Erblassers ethisch wie rechtlich verpflichtet, dessen Willen zu entsprechen. Nach dem Tod eines Menschen verpflichten seine Wünsche und Ziele weiter und sind zu berücksichtigen, etwa sein Wille zum Umgang mit seinem Körper. Fraglich ist, ob diese Zukunftswirkung auch für die Belange zweiter Stufe gilt. Zunächst beziehen sich diese Belange zweiter Stufe erst einmal auf die tatsächlich bestehenden Belange erster Stufe, die in ihrer Faktizität mit dem Tod erlöschen. Wir wünschen uns also etwa vor unserem Tod, dass unser primärer Wunsch nach einem bestimmten Umgang mit unserem Körper auch nach unserem Tod von unseren Verwandten und den Behörden berücksichtigt wird. Diese postmortale Richtung unserer sekundären Belange ist aber nur auf den Inhalt und die Erfüllung der primären Wünsche gerichtet, nicht jedoch auf die sekundäre Selbstbestimmung über die eigenen Belange, also die Entscheidung über diese Belange, etwa deren Veränderung. Diese Entscheidung ist nach dem Tod mangels tatsächlich beste-

hender primärer und sekundärer Belange nicht mehr möglich. Somit kann diese vierte Strategie nicht zu einer Ausweitung des großen Menschenwürdeschutzes über den Tod hinaus führen.

5. Wie ist die große Menschenwürde Schlafender, Komatöser und schwer geistig Behinderter zu beurteilen? Schlafende verlieren ihre Eigenschaft der Selbstbestimmung über die eigenen Belange gar nicht, sondern üben diese Selbstbestimmung nur kurzzeitig und jederzeit änderbar nicht aus, so dass sie die Eigenschaft der großen Menschenwürde haben und ihnen damit auch der normative Menschenwürdeschutz ohne Einschränkung zukommt. Bei Komatösen ist auch in schwersten Fällen keine sichere Prognose über den weiteren Verlauf der Bewusstlosigkeit möglich. Sie können jederzeit wieder erwachen. Deshalb folgt aus der oben erwähnten ersten Strategie der ethischen Vorsicht auch deren uneingeschränkter normativer Menschenwürdeschutz. Vergleichbares gilt für Menschen mit einer schweren geistigen Behinderung: Man kann nicht absolut sicher sein, dass ein solcher Mensch die Fähigkeit zur Selbstbestimmung über die eigenen Belange nicht zumindest rudimentär hat oder wenigstens (wieder-)erreichen kann. Der normative Gehalt des Schutzes der Selbstbestimmung verbietet hier nach der ersten Strategie jede negative Fremdbestimmung auf lediglich prognostischer Grundlage.

In den wenigen Situationen, in denen Ärzte sich ein sicheres, negatives Urteil über die Fähigkeit zur Selbstbestimmung über die eigenen Belange oder die geistigen Fähigkeiten bzw. die Hirnfunktion im Allgemeinen auch für alle Zukunft zutrauen (etwa beim sog. Hirntod), ist zu bedenken: Ethische Verpflichtungen müssen typisieren. Auch in diesen Situationen gilt also zunächst die allgemeine ethische Verpflichtung, jeden Menschen als Träger der Menschenwürde zu respektieren. Die einzelfallbezogene Verneinung der tatsächlichen Annahme, die dieser allgemeinen ethischen Verpflichtung zu Grunde liegt, verneint nicht nur eo ipso die Erforderlichkeit des direkten Selbstbestimmungsschutzes in dieser Situation, sondern impliziert zugleich eine normative Fremdbestimmung des Betroffenen, welche dem ethischen Prinzip, dass niemand einen anderen fremdbestimmen darf, widerstreitet. Alle praktischen Folgerungen müssen deshalb den Betroffenen als Mensch sowie seine Belange respektieren und setzen die Berücksichtigung seiner früheren Bestimmungen bzw. die Einwilligung eines Vertreters voraus.

6. Wer ist Träger der kleinen Menschenwürde der wesentlichen sozialen Stellung? Seine soziale Stellung beginnt der Mensch ab seiner Geburt einzunehmen. Und sie reicht über den jeweiligen Tod hinaus, denn auch nach dem Tod kann sie von anderen entgegen der früheren Belange des Verstorbenen herabgewürdigt werden. Dies gilt auch für den Aspekt der Gleichheit. Die wesentliche soziale Stellung des Menschen erstreckt sich also von der Geburt bis jenseits des Todes, und zwar unabhängig von allen mentalen Eigenschaften. Deshalb können die kleine und mittlere Menschenwürde des Toten verletzt werden, wie etwa Achill es getan hat, als er den getöteten Hektor dreimal mit dem Streitwagen um Troja schleifte. Wer einen Toten nicht respektvoll behandelt, verletzt dessen Menschenwürde.

Wie die große Menschenwürde kann auch die kleine und mittlere Menschenwürde bereits vor der Geburt eines Menschen mittels fernwirkender Handlungen beeinträchtigt werden. Es ist also auch schon vor der Geburt eines Kindes ethisch verwerflich, es etwa als zukünftiges Mitglied einer bestimmten Ethnie oder Nation herabzuwürdigen, selbst wenn die realen Auswirkungen der Beeinträchtigung der sozialen Stellung erst nach der Geburt des Kindes eintreten werden.

Die materiellen Bedingungen der ökonomischen Würdebedingung sind schließlich zeitlich gar nicht begrenzt. Auch hier gilt der vorlaufende Schutz gegenüber Handlungen mit zeitlicher Fernwirkung.

Es dürfte einleuchten, dass Politik und Recht aus pragmatischen Gründen kaum präzise zwischen den verschiedenen Formen und zeitlichen Dimensionen der faktischen Eigenschaft der Selbstbestimmung über die eigenen Belange sowie der wesentlichen sozialen Stellung und den ökonomischen Bedingungen der Würde differenzieren können. Sie müssen die Menschenwürde umfassend gegen Verletzungen schützen. Das Ziel dieses umfassenden Schutzes verbietet in abstrakten Regelungen wie Art. 1 GG jede zu feine zeitliche Differenzierung bzw. Beschränkung.

7. Ob es neben der Menschenwürde eine Würde anderer Lebewesen gibt, also eine *Tierwürde* oder sogar eine *Pflanzenwürde*, ist umstritten (Seelmann/Demko, Rechtsphilosophie, S. 263 ff.). Art. 120 der schweizerischen Bundesverfassung hat eine solche *Würde der Kreatur* statuiert und Art. 1 des schweizerischen Tierschutzgesetzes spricht anders als das deutsche und das österreichische Tierschutzgesetz von der Würde des Tieres. Angesichts der doch eher zweifelhaften Selbstbestimmung der Tiere über ihre eigenen Belange wird man einer Tierwürde in Analogie zur großen Menschenwürde skeptisch begegnen müssen (es sei denn, eine solche Selbstbestimmung über die eigenen Belange ließe sich auch bei Tieren nachweisen). Und hinsichtlich der kleinen Würde der sozialen Stellung ist fraglich, wie sie bei Tieren vorzustellen ist und ob Menschen sie verletzen können (zu weiteren Argumenten: von der Pfordten, Tierwürde nach Analogie der Menschenwürde?). Für den Tierschutz ist es jedenfalls gegenwärtig praktisch viel wichtiger, die primären Belange der Tiere ernst zu nehmen.

8. Ist die Menschenwürde unantastbar?

Art. 1 des Grundgesetzes und der EU-Grundrechtecharta erklären die Menschenwürde für *unantastbar*. Das kann in zweierlei Weise verstanden werden: *beschreibend* und *vorschreibend*. Beschreibend wird damit behauptet, dass dem Menschen seine Würde nicht genommen werden kann, dass die Würde also zwar vielleicht verletzbar, nicht aber gänzlich aufhebbar ist. Vorschreibend wird damit behauptet, dass die Menschenwürde gegenüber anderen Rechten oder Belangen nicht abwägbar sein, also absolut gelten soll. In diesem Abschnitt wird die beschreibende These der faktischen Unaufhebbarkeit diskutiert und im folgenden Abschnitt das vorschreibende Verbot der Abwägung.

Die große Menschenwürde der Selbstbestimmung über die eigenen Belange ist insofern faktisch unantastbar, als dem einzelnen betroffenen Menschen diese Eigenschaft auch in Extremsituationen wie der Folter, der Sklaverei und der Zwangsarbeit nicht gänzlich genommen werden kann. Selbst im Falle der größten Beschränkung bleibt er ein geistiges Wesen mit der Fähigkeit zur Selbstbestimmung über die eigenen Belange. Man muss den Menschen schon töten und damit sein Leben als natürliche Bedingung der Menschenwürde beenden, um alle Eigenschaften des Menschen einschließlich seiner großen Würde zu zerstören. Wie sich aus den erörterten Beispielen der Folter, Sklaverei und Zwangsarbeit ergibt, kann die Würde allerdings verletzt, das heißt in der Ausübung eingeschränkt werden. Dies geschieht, indem die Selbstbestimmung des Betroffenen über seine Belange gegen seinen Willen signifikant verringert wird.

Die kleine und mittlere Menschenwürde der wesentlichen sozialen Stellung des Menschen in einer Gemeinschaft kann dagegen nicht nur verletzt, sondern bereits zu Lebzeiten praktisch gänzlich aufgehoben werden, etwa durch Ausstoßung aus der Gemeinschaft. Im Mittelalter wurden Straftäter z.B. für vogelfrei erklärt. Die antiken Stadtstaaten hatten mit der Ausweisung für eine bestimmte Zeit (Ostrazismus) sogar ein politisches Verfahren institutionalisiert, das die zeitlich begrenzte Vernichtung der sozialen Stellung einzelner Verurteilter zur Folge hatte. Was durch die Aufhebung der sozialen Gemeinschaft aber nicht gänzlich zerstört werden kann, ist die Unabhängigkeit der Selbstachtung des Betroffenen, die sich auf die soziale Stellung bezieht. Der Einzelne kann die Vernichtung der sozialen Stellung für ungerechtfertigt und somit für falsch halten und auf diese Weise seine Selbstachtung zumindest teilweise bewahren. Inwieweit ihm das im Einzelfall gelingt, ist allerdings offen und von vielen Faktoren abhängig, etwa seinem Selbstbewusstsein, seiner Hilfe durch Verwandte und Freunde, seiner psychologischen, religiösen oder philosophischen Beratung und Unterstützung usw. Der Verlust der sozialen Stellung kann jedenfalls praktisch zu einem fast vollständigen Verlust der Selbstachtung führen.

Die materiellen Voraussetzungen der Menschenwürde und damit die ökonomische Würdebedingung können dem Betroffenen schließlich vollständig genommen werden.

Heißt es also in Art. 1 GG und Art. 1 EU-Grundrechtecharta, dass die Menschenwürde unantastbar ist, so gilt das in beschreibender bzw. faktischer Hinsicht nur für die große Menschenwürde uneingeschränkt. Bei der kleinen und mittleren Menschenwürde trifft es nur für denjenigen Teil der Selbstachtung zu, den der Einzelne sich trotz der Menschenwürdeverletzung bewahren kann. Bei der ökonomischen Würdebedingung besteht dagegen keine faktische Unantastbarkeit.

9. Verpflichtet die Menschenwürde unabwägbar?

Zur Frage, ob die Menschenwürde auch *normativ* unantastbar ist, also nicht abgewogen werden *darf*, müssen drei Ebenen unterschieden werden: 1. die Ethik als sekundäre Begründungsordnung, 2. die normative Forderung, welche die Ethik als sekundäre Begründungsordnung an primäre Normordnungen wie Moral, Recht und Politik stellt, 3. die tatsächlich bestehenden primären Normordnungen wie Moral, Recht und Politik:

1. Bezüglich der Ethik als sekundärer Begründungsordnung stelle man sich folgende Beispiele vor (vgl. von der Pfordten, Ist staatliche Folter als fernwirkende Nothilfe ethisch erlaubt?):

Fall 1 Private Notwehr: A hält B als Geisel an Händen und Füßen gefesselt in seinem Keller gefangen und droht mit der Tötung. B gelingt es, sich seiner Handfesseln zu entledigen. Als A den Keller wieder betritt, stürzt sich B auf A und fügt ihm erhebliche Schmerzen zu, um ihn zur Preisgabe des Schlüssels für die Fußfesseln zu veranlassen. Man würde hier wohl einhellig die Notwehr des B, die zumindest als folterähnlich zu qualifizieren wäre, für gerechtfertigt halten – jedenfalls wenn A keine sehr großen Verletzungen davonträgt. Bevor die ethische Rechtfertigung dieser Intuition diskutiert wird, soll das Beispiel noch etwas verändert werden:

Fall 2 Private Nothilfe: A hält B und C als Geiseln in seinem

Keller gefangen und droht mit der Tötung. C gelingt es, sich seiner Fesseln zu entledigen. Als A den Keller wieder betritt, stürzt sich C auf den A und fügt ihm erhebliche Schmerzen zu, um ihn zur Preisgabe des Schlüssels für die Fesseln des B zu veranlassen. Man wird auch hier die Nothilfe als gerechtfertigt ansehen, zumindest dann, wenn A keine sehr großen Verletzungen davonträgt.

Die Beispiele zeigen, dass man im ethischen bzw. moralischen Verhältnis zwischen Privaten in bestimmten sehr speziellen Fällen, z.B. solchen der Notwehr bzw. Nothilfe, den Schutz der Menschenwürde eines Täters Belangen eines Opfers wie dessen Menschenwürde, Leib, Leben oder Freiheit nicht vorordnet. Daraus ergibt sich, dass der Belang der Menschenwürde in moralischen Verhältnissen zwischen Privaten nicht als unabwägbar angesehen werden kann. Und zwar gilt das nicht nur für die große Menschenwürde, sondern für alle anderen Formen. Ein anderes Ergebnis wäre auch kaum abstrakt erklärbar, denn der Sinn jeder säkularen Ethik besteht gerade in der Abwägung widerstreitender Belange. Wichtig ist aber, aus dieser Folgerung nicht auf ein gleiches Ergebnis für die beiden anderen Abwägungsfragen, also die Forderung der Ethik an primäre Normordnungen wie Moral, Recht, Politik sowie deren tatsächlicher Ausgestaltung zu schließen. Dazu folgende Beispiele:

Fall 3: Staatliche Notwehr: Wie Fall 1, aber B ist Polizeibeamter. Man würde hier wohl wie im Fall 1 die Zufügung großer Schmerzen aus Gründen der Notwehr als gerechtfertigt ansehen. Der Unterschied, dass B auch Polizeibeamter ist, spielt angesichts der Tatsache, dass er selbst Opfer der Geiselnahme wurde, keine entscheidende Rolle.

Fall 4: Staatliche Nothilfe: Wie Fall 2, aber C ist Polizeibeamter. Man sieht hier das Handeln des C aus Gründen der Nothilfe wie im Fall 2 als legitim an. Auch in diesem Fall kann die Tatsache, dass C Polizeibeamter ist, angesichts der akut andauernden Geiselnahme und der dagegen angewandten direkten Nothilfe keine wesentliche Rolle spielen.

Fall 5: Fernwirkende private Nothilfe: Wie Fall 2. Der C hat die Geiselnahme aus der Ferne mitverfolgt, konnte dem B aber nicht helfen. Einige Tage später trifft C den A zufällig auf der Straße. Da polizeiliche Hilfe nicht rechtzeitig erreichbar ist, stürzt sich C auf A und fügt ihm erhebliche Schmerzen zu, um ihn zur Preisgabe des Verstecks des B zu veranlassen. Angesichts akuter Todesgefahr des B erscheint dies dessen einzig realistische Rettungschance. Dieser Fall dürfte schon erheblich umstrittener sein. Eine Mehrheit würde aber vielleicht wie in Fall 2 die Folter des C als ethisch erlaubt ansehen.

Fall 6: Fernwirkende staatliche Nothilfe: Der A hält den B vermutlich als Geisel in einem unbekannten Versteck gefangen. Die Polizei kann A festnehmen. Da A das Versteck des B nicht preisgibt, droht der Polizeibeamte C ihm beim Verhör im Polizeipräsidium erhebliche Schmerzen an und fügt sie ihm schließlich zu, um ihn zur Preisgabe des Verstecks des B zu veranlassen. Angesichts der Todesgefahr erscheint dies als die einzige realistische Rettungschance für B. Dies ist der sehr strittige Fall der Folter als fernwirkende staatliche Nothilfe.

Dieser Fall war mit Ausnahme der tatsächlichen Anwendung der Folter 2004 vom Landgericht Frankfurt zu entscheiden: Der Polizeivizepräsident Daschner hatte einen Polizisten E. angewiesen, dem mutmaßlichen Geiselnehmer Gäfgen Schmerzen zuzufügen, um ihn zur Mitteilung des Verstecks des entführten Bankierssohns Jakob von Metzler zu veranlassen. Es blieb jedoch bei der Androhung, da Gäfgen daraufhin das Versteck preisgab, wo die Geisel tot gefunden wurde. E. wurde der Nötigung im Amt und Daschner der Verleitung eines Untergebenen zur Nötigung im Amt schuldig gesprochen und eine Verwarnung mit dem Strafvorbehalt einer Geldstrafe verhängt (LG Frankfurt am Main, NJW 2005, 692).

Fall 7: Fernwirkende staatliche Nothilfe zur Rettung von Millionen von Menschen: A hat eine Atombombe mit Zeitzünder in einer Millionenstadt versteckt. Die Polizei kann A festnehmen. Um ihn zur Preisgabe des Verstecks zu veranlassen, droht der Polizeibeamte C dem A beim Verhör im Polizeipräsidium erhebliche Schmerzen an und fügt sie ihm schließlich zu. Dies ist der in der Literatur erörterte Fall der fernwirkenden staatlichen Nothilfe für Millionen von Menschen.

Der Diskussion dieser Beispielsfälle wird die oben unter III. 1. skizzierte Ethik des *normativen Individualismus* zu Grunde gelegt. Wie sollen dann die Belange der Individuen abgewogen werden? Dafür gilt folgendes Abwägungsprinzip: Je stärker die individuellen Belange in der Realisation von den betroffenen Anderen bzw. der Gemeinschaft abhängen, desto stärker muss es sich der Einzelne gefallen lassen, dass die betroffenen Anderen bzw. die Gemeinschaft diese Interessen in Abwägungen relativieren (von der Pfordten, Normative Ethik, S. 210 ff.). Man kann hier in idealtypischer Form von einem Kontinuum ausgehen. An dessen einem Ende stehen Interessen, die in ihrer Realisation sehr wenig oder gar nicht von den jeweils betroffenen Anderen bzw. der spezifischen Gemeinschaft abhängen, sondern durch sie allenfalls gefördert werden, etwa die große Menschenwürde, das Leben, die körperliche Unversehrtheit, das Denken und Wollen etc. Diese Interessen lassen sich in allen Ländern der Erde und in allen Kulturen und Gesellschaften realisieren und für sie gilt regelmäßig das Gleichheitsprinzip. Am anderen Ende stehen fast vollständig von spezifischen sozialen Gemeinschaften abhängige Interessen, etwa das Interesse, öffentliche Einrichtungen wie Museen oder öffentliche Verkehrsmittel zu nutzen, das Interesse an der gemeinsamen Kommunikation und an der gemeinsamen Wirtschaft, für die vor allem das Maximierungsprinzip gilt. Zwischen beiden Extremen liegen z. B. Interessen an individuellen Handlungen wie der Erwerbstätigkeit, dem Eigentum, der Meinungs- und Religionsfreiheit etc., also die meisten der klassischen Menschenrechte.

Das Interesse, nicht gefoltert zu werden, verbindet zwei jeweils kaum gemeinschaftsabhängige Interessen: das Interesse an der eigenen körperlichen Unversehrtheit und das Interesse, gemäß dem eigenen Willen zu handeln. Die fast ganz fehlende Gemeinschaftsabhängigkeit beider Interessen führt dazu, dass auch das Interesse, nicht gefoltert zu werden, kaum gemeinschaftsabhängig ist. Alle Menschen erwarten auch in anderen Ländern und Zeiten, nicht gefoltert zu werden. Deshalb muss das Interesse, nicht gefoltert zu werden, – und allgemein die große Menschenwürde – nach dem Prinzip der relativen Individual- bzw.

Gemeinschaftsbezogenheit der Individualinteressen in höchstem Maße frei von sozialer Relativierung bleiben. Für Unschuldige wird man es fast als absolut ansehen müssen. Eine Einschränkung gilt nur für den, der selbst die Interessen anderer unrechtmäßig beeinträchtigt. Dann ist Notwehr bzw. Nothilfe erlaubt.

Das Recht des Betroffenen zur Notwehr und die Pflicht zur Beachtung der Interessen des Anderen durch den Akteur sind zwei Seiten einer Medaille. Der Betroffene darf die Überschreitung seines Interessenraums mit Hilfe der Notwehr zurückweisen, weil der Akteur gegenüber dem Anderen keine Rechtfertigung für das Eindringen in dessen Interessenraum hat. Der Antagonismus von Beeinträchtigung und Zurückweisung erwächst aus dem jeder Moral und Ethik im engeren Sinne zugrunde liegenden Antagonismus von Akteur und Betroffenem. Die Notwehr ist also zur Abwehr der Verletzung des eigenen Interessenraums grundsätzlich ethisch erlaubt. Die Geisel darf sich deshalb in den obigen Beispielsfällen befreien. Allerdings rechtfertigt das legitime Ziel der Notwehr nicht jedes Mittel zur Erreichung dieses Ziels. Aber weder die Zufügung von Leid und Schmerz noch das Ziel der Willensbrechung sind als Mittel der Notwehr grundsätzlich ausgeschlossen, sofern sie geeignet und erforderlich sind, also kein milderes Mittel besteht. Deshalb ist auch kein abstrakter Grund ersichtlich, warum in privaten Verhältnissen die Verbindung beider Mittel, also die Zufügung erheblicher Schmerzen zur Informationsgewinnung, als Mittel der Notwehr oder Nothilfe ethisch absolut ausgeschlossen sein sollte. Die Verbindung wiegt aber als Kumulation zweier Übel, die Wille und Körper sowie Psyche des Menschen auseinanderreißen und damit die große Menschenwürde tangieren, besonders schwer. Im Übrigen besteht trotz eines Angriffs eine aus dem gemeinsamen Interesse am Fortbestand der menschlichen Gemeinschaft erwachsende wechselseitige Solidaritätspflicht, die dem Notwehrberechtigten zwei Begrenzungen auferlegt: Er darf zum einen nur das erforderliche, also mildeste Mittel wählen. Der Einsatz des Mittels darf des Weiteren zum angestrebten Ziel der Notwehr nicht unverhältnismäßig sein. Dem Verteidiger ist zwar keine einfache minimierende Schaden-Nutzen-Abwägung auferlegt (zumindest wenn man der ethischen Auffassung des deutschen Strafrechts folgt), aber extreme, unverhältnismäßige Diskrepanzen schließen nach allgemeiner Meinung ethisch wie juridisch die Rechtfertigung aus. Obstdiebe im eigenen Garten darf man z. B. anrufen und vertreiben, nicht aber erschießen.

Im obigen Fall 1 ist also die erwähnte milde Folterhandlung als Notwehr gerechtfertigt, weil sie zu dem abzuwehrenden Angriff nicht gravierend außer Verhältnis steht. Im Fall 2 gilt: Jeder Angegriffene darf nicht nur sachliche Mittel verwenden, sondern auch andere Menschen mit seiner Verteidigung betrauen. So darf sich der gefangene B des C zur Verteidigung gegenüber dem Angriff des Geiselnehmers A bedienen. Dem Helfer C ist die Hilfeleistung also erlaubt, sofern der Gefangene B mit der Hilfe einverstanden ist. Ist dies nicht der Fall, so wird man die Hilfe wegen des normativen Individualismus kaum als zulässig ansehen können. Niemand ist verpflichtet, sich Hilfe aufdrängen zu lassen. Man könnte höchstens fragen, ob C nicht dennoch durch die Wahrung der Belange anderer Menschen der Gesellschaft gerechtfertigt wäre, etwa um Straftaten abzuwenden.

Im Fall 3 ändert sich gegenüber Fall 1 eine Eigenschaft der Geisel. Da der Polizeibeamte hier aber nicht in seiner spezifischen Funktion als Teil der überlegenen Behördenorganisation des Staates tätig wird, sondern wie ein Privater, kann dies keine unterschiedliche Wertung gegenüber Fall 1 rechtfertigen. Die Notwehr ist auch hier ethisch zulässig. Im Fall 4 gilt die gleiche Wertung wie in Fall 2.

Im Fall 5 der fernwirkenden privaten Nothilfe treten einige Umstände hinzu, welche die Folter des Geiselnehmers A durch den Helfer C problematisch werden lassen. Anders als bei Anwesenheit aller Beteiligten wird man hier die Qualität des Helfers C, ethisch zulässiges Mittel des gefangenen B zur Verwirklichung seiner Nothilfe zu sein, nicht mehr eindeutig bejahen können. Der Helfer C kann nicht wissen, ob der gefangene B die Hilfe wirklich noch benötigt oder nicht schon längst frei kam oder tot ist. Die Tatsächlichkeit der Notwehrlage ist also sehr unsicher. C vermag deshalb Bestand und Intensität des Angriffs und damit auch die Notwendigkeit und Verhältnismäßigkeit der Abwehrmittel nicht vernünftig einzuschätzen. C kann überdies nicht wissen, ob B die Hilfe durch Folter will. Vielleicht ist er ein so friedfertiger Mensch, dass er derart ethisch problematische Mittel ablehnt und seine Gefangenschaft lieber erträgt, also frei nach Platon bzw. Sokrates lieber Unrecht leidet als Unrecht tut. Schließlich ist nie ganz auszuschließen, dass C nicht doch schnell staatliche Hilfe herbeizuholen vermag, etwa wenn gerade ein Streifenwagen um die Ecke biegt. All dies führt dazu, dass im Fall 5 die Folter des C als Nothilfe allenfalls in bestimmten klaren und gravierenden Fällen zulässig sein kann, also nur wenn C als sehr wahrscheinlich annehmen darf, dass B noch in Geiselhaft ist, in Lebensgefahr schwebt und mit der Nothilfe durch Folter des A einverstanden ist sowie staatliche Hilfe fehlt.

Im Fall 6 kommt zu den zusätzlichen Umständen der fernwirkenden privaten Nothilfe noch die wesentliche Tatsache des Handelns durch den Staat hinzu. Was lässt hier die Folter als Nothilfe so besonders problematisch werden? Dies sind vor allem zwei Aspekte:

Zum Ersten besteht eine große Gefahr des Missbrauchs: Beim Verhör im Polizeipräsidium tritt der Beamte dem Opfer der Folter nicht wie in den Fällen 4 und 5 als einzelner Mensch, sondern im Zusammenhang der gesamten Staatsmacht in ihren eigenen Räumen und mit prinzipiell überlegenen Gewaltmitteln gegenüber. Während der Einzelne immer nur seinen eigenen beschränkten Kräften vertrauen kann, so sind die Gewaltmittel des Staates potentiell unüberbietbar. Der Gefolterte ist der Überlegenheit der Staatsmacht in ihren eigenen Räumen hilflos ausgeliefert. Diese Überlegenheit eröffnet alle Möglichkeiten zu einem Missbrauch, der weder kontrolliert noch sanktioniert werden kann. Der Betroffene wird möglicherweise so unter Druck gesetzt, dass er schweigt. Die lange blutige Geschichte des «Verschwindenlassens» von Folteropfern und der missbräuchlich eingesetzten Folter mahnt zu besonderer Vorsicht. Die Folter war über Jahrtausende das wesentliche Einschüchterungs- und Unterdrückungswerkzeug der Herrschenden. Und erst in jüngerer Zeit ist es mühsam gelungen, die Folter in einigen Teilen der Welt einzudämmen.

Allerdings ist die Intensität der Missbrauchsgefahr variabel. Sie ist in einer Diktatur bzw. einem Unrechtsstaat besonders groß, so dass man in einer solchen Staatsform staatliche Folter selbst als fernwirkende Nothilfe kategorisch ausschließen muss. In einem Rechtsstaat ist die Missbrauchsgefahr geringer, aber immer noch signifikant. Auch durch Rechtsstaaten kommt es immer wieder zu Folter, wie das Beispiel der Folter von Kriegsgefangenen durch amerikanische Soldaten im irakischen Gefängnis Abu Ghraib zeigt. Und selbst im Frankfurter Fall Jakob von Metzler stellte das Urteil des Landgerichts fest, dass die Polizei trotz aller Sorgfalt und Gewissenhaftigkeit schon allein deshalb missbräuchlich gehandelt hat, weil vor Androhung der Folter nicht alle milderen Mittel ausgeschöpft wurden, um den Geiselnehmer zur Preisgabe des Verstecks der Geisel zu bewegen.

Zum Zweiten macht aber auch die spezifische Struktur politischen Handelns staatliche Folter ethisch unzulässig. Das Prinzip des normativen Individualismus führt dazu, dass politisches bzw. staatliches Handeln keine letzte eigene Legitimationskraft haben kann, sondern notwendig repräsentativ ist. Das bedeutet: Politisches bzw. staatliches Handeln geschieht immer in Vertretung der Menschen in einer politischen Gemeinschaft. Das Individuum ist die letzte Quelle politischer Legitimität. Seine Autonomie wird nicht durch den Staat oder die Gesellschaft erzeugt, sondern liegt diesen voraus. Staat und Gesellschaft müssen sie anerkennen. Die Menschenwürde ist der unmittelbarste Ausfluss dieser Autonomie. Durch die Folter wird die Autonomie hinsichtlich der eigenen Belange verneint, da der Wille des Gefolterten gebrochen werden soll. Mit der Folter wird deshalb die letzte Grundlage der Legitimität politischer Herrschaft negiert. Bei politischem Handeln tritt also eine Komponente hinzu, die jenseits der einfachen Abwägung der Interessenräume der Betroffenen durch die Individualethik liegt. Man muss sich fragen, ob es angesichts der Unsicherheit und der Missbrauchsgefahr angemessen sein kann, in unser aller Namen zu foltern, das heißt, in die Autonomie und Menschenwürde einiger einzugreifen. Das Problem ist dabei nicht mit dem Hinweis zu lösen, es bedürfe eben einer mehrheitlichen Entscheidung der demokratisch legitimierten Organe und die Mehrheit der Bevölkerung sei für den Einsatz der Folter. Denn bei derartig gravierendem Handeln, das mit der Autonomie und Menschenwürde die letzte Grundlage der Legitimität politischer Herrschaft im einzelnen Menschen tangiert, wird man wie bei den Menschenrechten Minderheiten schützen und ihnen eine Vetoposition einräumen müssen. So wie ein einzelner Unschuldiger nicht auf Grund eines Mehrheitsentscheids durch den Staat getötet werden darf, darf der Einzelne auch nicht ohne Weiteres durch Mehrheitsbeschluss zwangsweise zum Miturheber oder Objekt außerordentlich problematischer, per se immer negativer und extrem gravierender, weil menschenwürdeverletzender Foltermaßnahmen gemacht werden.

Es handelt sich hier sicherlich um eine tragische Abwägung. Zum einen gibt es eine ethische Pflicht des Staates und ein ethisches Recht des Entführungsopfers, Letzterem so weit als möglich zu helfen. Zum anderen kumulieren im Fall 6 die Unsicherheit der Fernwirkung, die große Missbrauchsgefahr staatlicher Machtausübung und die Beschränkung legitimer politischer Repräsentation bei gravierenden negativen Einwirkungen, wie eine allgemein akzeptierte staatliche Folterpraxis sie darstellen würde. Deshalb muss die symbolische Grenze des menschlichen Körpers als ethische Grenze staatlicher Machtausübung anerkannt werden. Eingriffe des Staates jenseits dieser symbolischen Grenze, also in Würde, Leib, Leben und Psyche des Einzelnen, sind unzulässig, außer jemand greift andere Menschen unmittelbar und gegenwärtig an und dieser Angriff wird als letztes Mittel direkt physisch, also in einem engen und strikten Sinne wie durch einen Privaten und quasi in dessen Vertretung, als Notwehr oder Nothilfe abgewehrt.

Im Fall 7 sind die Parameter gegenüber Fall 6 noch einmal verschoben. Die Unsicherheit der Nothilfelage ist erheblich geringer, weil ausgeschlossen ist, dass die Geisel die Hilfe durch Folter nicht will, sich schon selbst befreit hat, freigelassen wurde oder bereits gestorben ist. Die Zeitschaltuhr der Bombe tickt unerbittlich. Wenn der Zündmechanismus nicht versagt, was man im Normalfall nicht als wahrscheinlich ansehen kann, wird die Bombe explodieren. Auch die Gefahr des Missbrauchs der Folter durch die Polizei ist erheblich niedriger, da anders als bei der Geiselbefreiung ein derartiger Bombenfall außerordentlich selten vorkommen wird. Die Folter würde sich deshalb niemals verheimlichen lassen. Die Vielzahl der vermutlichen Todesopfer darf überdies zwar nicht in der direkten Abwägung zwischen Täter und einzelnem Opfer zählen. Sie kann aber im Hinblick auf solche unpersönlichen Faktoren wie Unsicherheit über die tatsächlichen Umstände und die Gefahr staatlichen Missbrauchs der Folter eine Rolle spielen. Schließlich erscheint auch der Ablehnungsgrund der politischen Repräsentation beim fiktiven Fall einer Zeitbombe nicht mehr das gleiche Gewicht zu haben: Würde eine Millionenstadt ausradiert und würden die staatlichen Stellen nicht das Menschenmögliche unternehmen, um das zu verhindern, so wäre die politische Gemeinschaft selbst in großer Gefahr und damit die Belange aller in ihr Lebenden. Dann wird man im Hinblick auf die Repräsentation aller durch die politische Gemeinschaft aber auch keine strikte oder auch nur begrenzte Vetoposition der Minderheit annehmen können, weil die Anerkennung und politische Verwirklichung dieser Vetoposition ihrerseits von der Existenz der politischen Gemeinschaft abhängt. Es handelt sich um eine existentielle kollektive Notwehrsituation. In den Fällen der konkreten Bedrohung einer Millionenstadt durch eine Bombe wird man deshalb wohl die verhältnismäßige Anwendung von willensbrechenden Maßnahmen der Informationserlangung gegenüber dem Verbrecher für ethisch ausnahmsweise nicht verboten halten dürfen. Diese kollektive Notwehrsituation unterscheidet sich aber klar vom Fall der Geiselnahme. Überdies impliziert diese Ausnahme vom ethischen Verbot weder die rechtliche Erlaubnis noch ein Gebot oder auch nur eine Erlaubnis zur Änderung der gegenwärtigen Rechtslage des absoluten Verbots staatlicher Folter.

2. Fordert die Ethik vom geltenden Recht die Normierung der Unabwägbarkeit der Menschenwürde? Ethische Begründungen sind zunächst einmal prima facie auch gute Begründungen für

das positive Recht. Allerdings kann nicht alles, was ethisch gerechtfertigt oder moralisch geboten ist, auch rechtlich sinnvoll normiert werden. Manche moralischen Pflichten, wie das generelle Lügenverbot, kann das Recht nicht gebieten, weil eine allgemeine Kontrolle und Sanktion praktisch unmöglich ist. Umgekehrt gibt es Recht, dem keine vergleichbare moralische Forderung entspricht, etwa das Gebot, Grundstückskaufverträge vor einem Notar abzuschließen. Die vom Recht und von der Moral verbotenen, gebotenen oder erlaubten Handlungen sind also nicht Teil zweier identischer, sondern nur Teil zweier sich schneidender Mengen.

Das Recht ist ein spezifisches menschliches Mittel, um bestimmtes Verhalten zu regeln, also einen bestimmten Zweck zu erreichen. Und wie jedes Mittel zu einem bestimmten Zweck kann auch das Recht zum Zweck der Sicherung ethischer Standards untauglich oder unverhältnismäßig sein. Um dies für den Fall der Folter beurteilen zu können, müssen einige allgemeine Merkmale des Rechts skizziert werden: Das Recht ist in den heutigen Gesellschaften – von einigen Spezialformen wie dem Vereinsrecht, dem Kirchenrecht, dem Sportrecht, Teilen des Handelsrechts, der Domainvergabe usw. abgesehen – im hohem Maße Ergebnis politischer Entscheidungen. Es ist in diesem Fall Teil und Instrument der politischen Repräsentation. In ihm spiegeln sich grundlegende Wertungen der politischen Gemeinschaft. Das Recht ist allgemein, öffentlich, formal, in weiten Teilen strikt gebietend und häufig mit Sanktionen verbunden. Seine Entscheidungen haben eine starke generelle Orientierungskraft für das Verhalten der einzelnen Bürger. Das Recht wirkt auf Grund dieser Eigenschaften in weit höherem Maße repräsentierend und gesellschaftsprägend als allgemeine politische Entscheidungen. Die Ethik erhebt zwar auch einen Allgemeinheitsanspruch. Aber verschiedene partielle Moralsysteme können faktisch nebeneinander existieren, etwa gestützt durch unterschiedliche religiöse Überzeugungen. Das gilt in gewissem Grade auch für politische Ethiken. Man kann ein demokratisches System etwa als Christ, Buddhist, Jude, Moslem, Humanist, Utilitarist oder Liberaler unterstützen. Beim Recht ist das anders. Es muss im Rahmen einer politischen Gemeinschaft zumindest in wesentlichen Entscheidungen allgemein sein, um die Einheit der Rechtsordnung zu wahren.

Alle diese das Recht von der Ethik, der Moral und der bloßen Politik unterscheidenden Merkmale lassen beim Recht die gesellschafts- und bewusstseinsprägende Einschränkung des absoluten Folterverbots erheblich stärker ins Gewicht fallen als bei Ethik, Moral und Politik. Dies gilt besonders im internationalen Zusammenhang. Folter ist der klassische und gravierendste Fall staatlichen Machtmissbrauchs und staatlicher Menschenwürdeverletzung. Deshalb erscheint es dringend geboten, am absoluten rechtlichen Verbot der Folter festzuhalten, nicht zuletzt um die Folter weltweit glaubwürdig bekämpfen zu können. Dies gilt besonders für Deutschland mit seiner Vergangenheit der Verbrechen des Nationalsozialismus. Die Bundesrepublik Deutschland bezog ihr Selbstverständnis als legitimes politisches Gemeinwesen nach 1949 in erheblichem Maße aus der konsequenten Abkehr von den Menschenwürdeverletzungen des Nationalsozialismus. Jede Relativierung des absoluten Folterverbots würde zugleich diese wiedergewonnene Legitimität des deutschen Staates einschränken.

Das rechtliche Verbot der Folter kann seine prohibitive Wirkung im Übrigen nur entfalten, wenn es absolut und ohne Einschränkungen gilt. Jede auch noch so kleine Relativierung würde das Vertrauen in die rechtlich gebundene und kontrollierte Staatsmacht erschüttern und ihre Legitimität vermindern. Dem zugelassenen Einzelfall würde der nächste Einzelfall folgen. Die Folteranwendung würde zur Praxis und schließlich zur Institution. Es gibt vielleicht eine Geiselnahme alle paar Jahre, bei der man des Geiselnehmers vor der Befreiung der Geisel habhaft wird, so dass man sie möglicherweise durch Folter befreien könnte, wenn sie nicht wie beim obigen Fall Jakob von Metzler schon tot ist. Das rechtfertigt keine Abkehr vom generellen rechtlichen Folterverbot. Und bei den Zeitbombenfällen ist kaum zu vermuten, dass sie wirklich werden, weil es extrem unwahrscheinlich ist, dass man von einer versteckten Bombe erfährt und den Leger zugleich vor der Zündung zu verhaften vermag. Es kann keinen guten Grund geben, wegen derart singulärer Fälle für 80 Millionen Bürger das rechtlich institutionalisierte, stark gesellschafts- und bewusstseinsprägende Leitbild folterfreier rechtlicher Institutionen aufzugeben. Diejenigen, die dies erwägen, differenzieren regelmäßig nicht klar genug zwischen der abstrakten Ethik, in der entsprechende Überlegungen der Abwägung zwischen den Belangen der individuell Betroffenen angestellt werden können, und der konkreten praktischen Rechtsethik und Rechtspolitik, wo die Anwendung des Rechts als stark gesellschafts- und bewusstseinsprägendes Instrument in Frage steht. Der Versuch, allgemeine Institutionen wie das Recht auf derartig singuläre Fälle zuzuschneiden, missachtet das Spezifische dieser Institutionen und führt zu Freiheits- und Sicherheitsverlusten für Millionen von Menschen, die sich bei Kontakten mit der Polizei und anderen Behörden – ob zu Recht oder zu Unrecht ist gleichgültig – einer Foltergefahr ausgesetzt sehen würden. Darüber hinaus würden Millionen von Menschen unter Umständen folternde Polizisten zum Leitbild ihres privaten Verhaltens gegenüber ihren Mitmenschen wählen. Eine weiter brutalisierte Gesellschaft wäre die kaum zu verhindernde Folge, weil der sehr spezielle und diffizile Ausnahmecharakter der Rettungsfolter nicht hinreichend allgemein vermittelt werden kann.

Eine Diskrepanz der Regelungen von Moral und Recht besteht im Übrigen nicht nur in der Frage der staatlichen Folter zum Zweck der fernwirkenden Nothilfe, sondern auch in anderen Ausnahmefällen, etwa im Fall des zivilen Ungehorsams, des Widerstandsrechts und des Tyrannenmords. Bereits Aristoteles kennt die Einschränkung der abstrakt-generellen Gerechtigkeit durch Erwägungen der konkreten Billigkeit (Nikomachische Ethik 1137a31 ff.). Die Rettung vor einer verheerenden Bombe ist ein vergleichbarer Fall. Es handelt sich um ein singuläres Ereignis, für das es bisher kein historisches Beispiel gibt. Man wird davon ausgehen müssen, dass eine eventuelle Bestrafung in einem derartigen Fall wie im Frankfurter Urteil milde und eher symbolisch sein würde und dass wie beim zivilen Ungehorsam jeder vernünftige Mensch eine solche Bestrafung auf sich nehmen würde, um seiner ethischen Verpflichtung zur Hilfe für eine Millionenstadt zu genügen. Den Menschen lässt sich auch durchaus erklären, dass der Versuch, allgemeine rechtliche Normen zur Regelung derart singulärer Fälle einzuschränken, zu größeren Freiheits- und Sicherheitsverlusten führen würde als beim Verzicht auf derartige Einschränkungen. Eindeutige rechtsethische Gründe sprechen also dagegen, das absolute rechtliche Verbot der Folter zu relativieren. Dieses absolute Verbot der Einschränkung durch staatliches Handeln gilt dann für die große Menschenwürde allgemein, weil nur bei der Folter eine Einschränkung überhaupt diskutiert wird. Das Recht muss die große Menschenwürde somit für die Staatsorgane als normativ unantastbar, also unabwägbar erklären. Es darf die Abwägung der Menschenwürde weder zur Wahrung anderer Grundrechte noch zur Verhinderung privater Menschenwürdeverletzungen erlauben. Es darf folglich nicht gestatten, dass Beamte zur Rettung einer Geisel den Geiselnehmer foltern.

3. Wie regelt das deutsche Recht den Menschenwürdeschutz? Art. 1 GG hat die Menschenwürde durch ihre Festlegung als «unantastbar» für unabwägbar erklärt. Und das Bundesverfassungsgericht hat ausdrücklich festgestellt: «Die Menschenwürde als Wurzel aller Grundrechte ist mit keinem Einzelgrundrecht abwägungsfähig.» (BVerfGE 93, 266 (293)). Wird also in die Menschenwürde eingegriffen, so kann dies unter keinen Umständen mit Verweis auf eines der Einzelgrundrechte, etwa Lebensschutz, Freiheit der Religion usw., gerechtfertigt werden. Diese Auffassung wird bis heute von der großen Mehrheit der Kommentatoren geteilt (Starck, GG-Kommentar, zu Art. 1, Rn. 33 ff. mwN.; Dreier, GG-Kommentar, zu Art. 1, Rn. 130).

Weniger eindeutig ist die Rechtslage für den speziellen Fall, dass Würde gegen Würde steht, sofern also der Staat eine Verletzung der Würde nur durch eine staatliche Würdeverletzung verhindern könnte. Hierzu ist bisher keine derart klare Aussage des Bundesverfassungsgerichts erfolgt wie bei der Abwägung mit anderen Grundrechten, vermutlich deshalb, weil ein solcher Fall extrem selten auftreten wird und auch dem Gericht noch nicht in einer klaren Konstellation vorlag. Einige sind der Meinung, dass das deutsche Recht die Abwägung Würde gegen Würde erlaubt, die Polizei also etwa dem Geiselnehmer Schmerzen zufügen darf, um das Versteck der Geisel zu ermitteln (Brugger, Darf der Staat ausnahmsweise foltern?; ders., Vom unbedingten Verbot der Folter zum bedingten Recht auf Folter?; Starck, GG-Kommentar, zu Art. 1, Rn. 33, 79; differenzierend: Dreier, GG-Kommentar, zu Art. 1, Rn. 133 f.). Andere schließen diese Abwägung Würde gegen Würde aus (Kingreen/Poscher, Grundrechte Rn 521; Herdegen, GG-Kommentar, Art. 1, Rn 73, allerdings nur bezogen auf einen Würdekern). Man wird zugestehen müssen, dass der Wortlaut des Art. 1 GG diesbezüglich nicht klar ist und auch die historischen Verfassungsberatungen keinen eindeutigen Hinweis geben. Allerdings verbietet Art. 104 I S. 2 GG explizit, dass festgehaltene Personen seelisch oder körperlich misshandelt werden. Für sonstige Fallkonstellationen muss der Verfassungsgeber die Frage entscheiden, wobei nicht zuletzt wegen den obigen rechtsethischen Erwägungen die gewichtigeren Gründe für ein absolutes rechtliches Verbot staatlicher Würdeverletzungen zur Beseitigung anderer Würdeverletzungen sprechen.

4. Die wesentliche soziale Stellung des Menschen, also die kleine und mittlere Menschenwürde, stellt einen Höchstwert dar. Dies gilt besonders für die extremste Form der Zerstörung dieser Stellung: dem Ausschluss aus lebenswichtigen, umfassenden Gemeinschaften wie Staat und Gesellschaft. Diese ist praktisch niemals zu rechtfertigen. Wie bei der großen Menschenwürde sind in ethischer Hinsicht nur seltene Extremfälle konstruierbar, die eine Abwägung erlauben. Für die ethische Forderung an das Recht gilt somit dasselbe wie bei der großen Menschenwürde: Auch die kleine und mittlere Menschenwürde muss für unantastbar und damit unabwägbar erklärt werden. Deshalb verbietet auch etwa Art. 16 I S. 1 GG den Entzug der deutschen Staatsangehörigkeit.

Bei nicht lebenswichtigen und nicht umfassenden Gemeinschaften wie Unternehmen, Vereinen, Parteien und Religionsgemeinschaften kann ein Ausschluss dagegen legitim sein, etwa wenn der Betroffene dauerhaft gegen wesentliche Regeln der Gemeinschaft verstößt.

Für die materiellen Bedingungen der verschiedenen Aspekte der Menschenwürde, also die ökonomische Würdebedingung, ist der tatsächliche Spielraum der Entscheidung naturgemäß noch größer, weil materielle Mittel praktisch vielfältig eingesetzt werden können, um das Leben zu verbessern. Sofern die materiellen Mittel aber für die Realisierung der Menschenwürde unabdingbar notwendig sind, wird man ebenfalls fordern müssen, dass das Recht die Berechtigung zum Empfang dieser Mittel für unabwägbar erklärt.

10. Besteht und verpflichtet die Menschenwürde universell?

Nach den bisherigen Überlegungen kann nicht zweifelhaft sein, dass die Menschenwürde universell besteht, weil sie eine allgemeine und notwendige Eigenschaft des Menschen ist. Die Eigenschaft der Selbstbestimmung über die eigenen Belange, also der sekundären Wünsche und Ziele gegenüber primären Belangen, ist ein wesentliches Merkmal der Menschen aller Zeiten und Kulturen. Da die Eigenschaft der Menschenwürde neben der faktischen auch eine normative Dimension hat, bedeutet das: Die große Menschenwürde besteht nicht nur faktisch universell. Sie gilt auch normativ-ethisch universell in allen Zeiten und Kulturen.

Die kleine und mittlere Würde der wesentlichen sozialen Stellung des Menschen ist in ihrem Inhalt und den Faktoren ihres Entstehens und Vergehens zwar im Laufe der Zeiten und Kulturen veränderlich. Aber da alle Menschen jedenfalls einen Teil ihres Lebens an Gemeinschaften teilnehmen müssen, haben sie zumindest während dieser Zeit notwendig eine soziale Stellung und damit die kleine und mittlere Menschenwürde. Dies gilt bereits für Kinder. Werden sie etwa von Schulkameraden auf dem Pausenhof oder im Internet gedemütigt, so wird ihre wesentliche soziale Stellung abgewertet. Darin liegt eine Verletzung ihrer kleinen bzw. mittleren Menschenwürde.

Bestehen und gelten nun aber die große Würde sowie die kleine und mittlere Würde universell, so trifft das in allgemeiner Form auch für die ökonomische Würdebedingung zu, denn die große, kleine und mittlere Würde bedürfen – wie sich ergab – notwendig gewisser materieller Güter. Die formale Tatsache dieses Bedingungsverhältnisses besteht und gilt also universell. Inhalt und Maß dieser Güter hängen aber von den besonderen Lebensverhältnissen in einer Gesellschaft ab. Hat z.B. fast niemand ein Bankkonto, so kann dies keine Bedingung der Würde sein. Hat aber fast jeder ein Bankkonto und kann man anders keinen Lohn erhalten, keine Wohnung mieten usw., so wird die Selbstbestimmung über die eigenen Belange massiv beeinträchtigt und die wesentliche soziale Stellung ungerechtfertigt abgewertet, sofern nicht jedem ein Recht auf ein Bankkonto zuerkannt wird. Das Beispiel zeigt, dass der Staat angesichts sich ändernder sozialer und wirtschaftlicher Verhältnisse laufend überprüfen muss, welche materiellen Voraussetzungen jeweils zur Sicherung der Menschenwürde gewährleistet werden müssen.

11. Kann auf die Menschenwürde verzichtet werden?

Ein Verzicht würde voraussetzen, dass wir selbst in der Lage sind, unsere Selbstbestimmung über unsere Belange, also unsere große Menschenwürde, einzuschränken. Odysseus ließ seinen Männern die Ohren verstopfen und sich selbst an den Mast seines Schiffes binden, um den Gesängen der Sirenen zu widerstehen. Zum Selbstschutz hat er damit eine tödliche Veränderung seiner primären Wünsche und Ziele verhindert. Verzichten wir heute etwa auf den Kauf von Süßigkeiten, um zu Hause nicht in Versuchung geführt zu werden, so beschränken wir unsere Möglichkeit künftiger Wünsche. Wir können also ohne Zweifel unsere Selbstbestimmung über unsere eigenen Belange und somit unsere große Menschenwürde *in einzelnen Aspekten* selbst einschränken.

Von einer derartigen eigenen Einschränkung unserer Selbstbestimmung über unsere Belange in einzelnen Aspekten ist jedoch die *vollständige Aufgabe* aller Belange zweiter Ordnung zu unterscheiden. Eine solche vollständige Aufgabe ist – sieht man vom Freitod ab – nicht möglich. Wollten wir versuchen, unsere Wünsche und Ziele zweiter Ordnung vollkommen zu unterdrücken, so würden wir uns selbst als Mensch mit unseren wesentlichen geistigen Fähigkeiten zerstören.

Da die Beschränkung unserer Selbstbestimmung über die eigenen Belange zumindest in einzelnen Aspekten faktisch möglich ist, können wir auch normativ in einzelnen Aspekten gegenüber anderen darauf verzichten. Wir können also jemand anderem erlauben, einzelne unserer Wünsche und Ziele zweiter Ordnung nicht zu berücksichtigen. Wie bei der faktischen Einschränkung durch uns selbst ist der normative Verzicht aber nur in beschränktem Maße realisierbar, nicht aber vollständig, sonst würden wir uns als Menschen mit einer wesentlichen Dimension unserer Persönlichkeit aufgeben.

Für die kleine und mittlere Menschenwürde gilt: Wir können auf sie in faktischer und normativer Hinsicht in einzelnen Aspekten und auch zur Gänze gegenüber einzelnen Gemeinschaften verzichten, nicht aber komplett, weil wir unsere soziale Stellung als Mensch nicht vollständig gegenüber allen Gemeinschaften und für immer aufgeben können – jedenfalls solange es noch eine Mehrzahl von Menschen gibt.

In der Moral und im Recht ist die Situation verschieden. Auch hier können wir auf einzelne Aspekte unserer Belange zweiter Ordnung und unserer sozialen Stellung faktisch verzichten. Aber die normativen Anforderungen an andere stehen im Unterschied zur Ethik nicht komplett in unserer Macht. Warum ist das so? Moral und Recht sind soziale Normordnungen, die regelmäßig für die einzelnen Mitglieder, Bewohner und Besucher einer Gemeinschaft verbindlich sind. Der Einzelne kann diese Verbindlichkeit nicht ohne weiteres allein aufheben, eben weil es sich um eine gemeinsame Verbindlichkeit aller Betroffenen der Gemeinschaft handelt. Eine normativ-individualistische Ethik wird natürlich fordern, dass der Einzelne auch in der Moral und im Recht so weit wie möglich frei über seine Belange verfügen darf. Aus zwei Gründen gilt dies in besonderem Maße für die große Menschenwürde: Zum einen, weil es sich bei der Selbstbestimmung über die eigenen Belange um ein sehr wichtiges Interesse handelt und zum anderen, weil dieses Interesse als innere Eigenschaft – wie sich oben unter III. 9.1. ergab – regelmäßig nicht oder kaum von der Gemeinschaft abhängt. Die Gemeinschaft muss also den Verzicht des Einzelnen auf seine Belange so weit als möglich akzeptieren, weil jede Nichtanerkennung des Verzichts dem Willen des Betroffenen zuwiderläuft – immer vorausgesetzt, der Verzicht erfolgt nach vorheriger Aufklärung, mit Einsichtsfähigkeit und freiwillig.

Aus welchen Gründen können Recht und Moral den Verzicht des Einzelnen auf gewisse Aspekte seiner Menschenwürde in Ausnahmefällen ablehnen? Jeder Verzicht eines Einzelnen ist Teil einer allgemeinen Praxis. Und bestimmte allgemeine Praxen können für die Belange anderer Menschen in der Gesellschaft erhebliche Gefährdungen mit sich bringen. Somit muss eine Gesellschaft oder politische Gemeinschaft zumindest in normativer Hinsicht und für tatsächliche Normordnungen wie Recht und Moral keine vollständig beliebige Disposition des Einzelnen über seine Menschenwürde anerkennen. Eine politische Gemeinschaft darf deshalb zumindest schwere Menschenwürdeverletzungen, wie etwa Folter, Sklaverei und Zwangsarbeit, selbst dann verbieten, wenn der Betroffene vorher zugestimmt und damit partiell auf den Schutz seiner Menschenwürde verzichtet hat. Die schweren Gefährdungen für die Menschenwürde, welche die allgemeine Durchführung solcher Praktiken für alle Menschen in einer Gemeinschaft mit sich bringen, können – wie sich unter III. 9. gezeigt hat – in der Abwägung das ausnahmslose Verbot dieser Praktiken rechtfertigen.

12. Ist die Menschenwürde Grundlage der anderen Menschenrechte?

Weist ein Wesen Ziele, Wünsche, Bedürfnisse oder zumindest Strebungen auf, so ist es ethisch zu berücksichtigen. Für die Pflicht zur ethischen Berücksichtigung eines Wesens ist also das

Bestehen von Belangen entscheidend. Dafür genügen aber bereits die Belange erster Stufe. Nicht notwendig sind Belange zweiter Stufe, welche die große Menschenwürde begründen. Deshalb sind auch Wesen, die wohl nur Belange erster Stufe, jedoch keine Belange zweiter Stufe aufweisen, etwa Tiere, um ihrer selbst willen ethisch zu berücksichtigen (von der Pfordten, Normative Ethik, S. 338ff.). Die Belange erster Stufe der Menschen sind dann aber auch selbständig zu berücksichtigen und rechtfertigen entsprechende Menschenrechte. Daraus folgt: Im starken Sinn einer Konstitutionsbedingung ist die Menschenwürde also nicht notwendige Grundlage der anderen Menschenrechte.

Die zusätzlichen Belange zweiter und höherer Stufe erhöhen allerdings die Komplexität der Selbstbewertung der fraglichen Individuen und spielen deshalb in der Abwägung auch bei bloßen Konflikten zwischen Belangen erster Stufe eine wesentliche Rolle. Weil der Mensch nicht nur primäre Belange hat, sondern diese Belange auch auf einer zweiten Stufe bewerten und beeinflussen kann, erhalten die primären Belange zusätzliches Gewicht. Sie sind eingebettet in das Ensemble der Konstitutionsbedingungen eines besonders differenzierten Wesens, wie es der Mensch ist. Im Sinne dieser Erhöhung der Wertigkeit ist die Menschenwürde Grundlage der Gewichtigkeit der anderen menschlichen Belange und damit der anderen Menschenrechte.

Für das Recht ist die tatsächliche Ausgestaltung entscheidend: Im deutschen Grundgesetz ist nach der Verpflichtung zu Achtung und Schutz der Menschenwürde in Art. 1 I GG in Absatz II («Das deutsche Volk bekennt sich darum zu unverletzlichen und unveräußerlichen Menschenrechten [...]) mit dem Wörtchen «darum» statuiert, dass die Menschenwürde die Grundlage der anderen Menschenrechte ist. Das Bundesverfassungsgericht und die große Mehrheit der verfassungsrechtlichen Literatur bejahen diesen Grundlagencharakter der Menschenwürde für die anderen Grundrechte (BVerfGE 93, 266 (293); Starck, GG-Kommentar, zu Art. 1, Rn. 124; Dreier, GG-Kommentar, zu Art. 1, 160f., mit Einschränkungen).

13. Ist die Menschenwürde ein Menschenrecht?

Wie sich ergab, ist die Menschenwürde ein Belang jedes Menschen. Fraglich ist, unter welchen Bedingungen derartige Belange zu subjektiven, ethischen Rechten werden (vgl. von der Pfordten, Normative Ethik, S. 264 ff.). Hinsichtlich der allgemeinen Zuschreibung von Rechten ist man sich über drei Elemente einig: (1) Es darf keine Pflicht des möglichen Rechteinhabers zur fraglichen Handlung geben; sie muss ihm also erlaubt oder freigestellt sein. (2) Der fragliche Rechteinhaber muss entsprechend handeln können. (3) Zwischen wenigstens zwei normativ relevanten Wesen muss ein Verhältnis bestehen, denn es gibt zwar vielleicht Pflichten gegen sich selbst, sicher aber keine Rechte gegen sich selbst, sondern nur Rechte gegenüber anderen.

Umstritten ist, welche Anforderungen für die Anerkennung von Rechten zusätzlich notwendig sind: Nach der weiteren Interessen- oder Begünstigtentheorie genügt es, wenn ein berechtigtes, wichtiges oder wenigstens eine Pflicht rechtfertigendes Interesse hinzutritt. Dies ist bei der Menschenwürde sicherlich abstrakt zu bejahen. Da es sich bei der großen Menschenwürde um das sehr gravierende Interesse an eigenen Belangen handelt und bei der kleinen und mittleren Menschenwürde regelmäßig ein wichtiges Interesse an der eigenen sozialen Stellung anzunehmen ist, kann diese Voraussetzung nicht zweifelhaft sein. Nach der engeren Willens- oder Kontrolltheorie setzt die Annahme eines Rechts zusätzlich eine besondere faktische Durchsetzungsmacht des Rechtsträgers voraus, sei es eine eigene oder durch andere verliehene. Diese Forderung ist aber nicht spezifisch für einzelne inhaltliche Interessen, so dass man auch nach dieser Theorie ein subjektives Recht zur Beachtung der Menschenwürde annehmen muss, wenn man überhaupt solche vorpositiven subjektiven Rechte bejaht. Die Menschenwürde ist dann ebenso wie diese Rechte als ein subjektives ethisches Recht anzuerkennen.

Die Anerkennung der Menschenwürde als ethisches Recht rechtfertigt die Forderung der Ethik an primäre Normordnungen wie Recht und Moral, die Menschenwürde dort auch als Recht zu statuieren. Ob Recht und Moral dieser ethischen Forderung dann tatsächlich nachkommen, ist eine weitere Frage, die nicht allgemein beantwortet werden kann, sondern der Untersuchung der tatsächlich bestehenden Normen bedarf.

Für die deutsche Rechtsordnung ist die Qualifikation der Menschenwürde als subjektives, juridisches Recht in Art. 1 I GG nicht ausdrücklich ausgesprochen. Das Bundesverfassungsgericht bejaht den Charakter der Menschenwürde als subjektives Grundrecht (BVerfGE 1, 322 (343); 12, 113 (123); 15, 283 (286); 28, 243 (263); 61, 126 (137); 72, 105 (115); 109, 133 (149 f.)), während er in der Literatur umstritten ist (pro: Starck, Komm. Art. 1, Rn. 28 ff. mwN.; contra: Dreier, Komm. Art. 1, Rn. 121 ff. mwN.). Aus Absatz 2 des Art. 1 GG «Das Deutsche Volk bekennt sich darum zu unverletzlichen und unveräußerlichen Menschenrechten als Grundlage jeder menschlichen Gemeinschaft, des Friedens und der Gerechtigkeit in der Welt» lässt sich sowohl ein Erst-recht- wie ein Umkehrschluss ziehen: Die Menschenwürde kann als Grundlage erst recht als ein subjektives, juridisches Recht angesehen werden oder im Umkehrschluss nicht als ein solches subjektives, juridisches Recht. Da aber die Anerkennung als subjektives Recht ein erhöhtes Schutzniveau impliziert, wäre es widersinnig, den Belangen erster Stufe, wie etwa an Leib, Leben usw., den Charakter als juridisches Recht zuzugestehen, den überragend wichtigen sekundären Belangen, welche im einzelnen Menschen diese primären Belange steuern und die menschliche Persönlichkeit wesentlich konstituieren, jedoch dieses erhöhte Schutzniveau zu versagen. Die Belange zweiter Ordnung sind überdies heuristisch von den Belangen erster Ordnung isolierbar und auch inhaltlich nicht durch die einzelnen Grundrechte geschützt. Dazu kommt, dass die Ethik eine solche Anerkennung als juridisches Recht fordert. Insgesamt wird man daher die Menschenwürde in Art. 1 I GG auch als Grundrecht ansehen müssen.

14. Vermindert der Verletzer der Menschenwürde seine eigene Würde?

Mindert der Folterer oder Sklavenhalter durch sein Verhalten seine eigene Würde? Robert Spaemann hat die Auffassung vertreten, dass nicht der Folterer dem Gefolterten dessen Würde nimmt, sondern umgekehrt seine eigene Würde verliert: «Nicht Maximilian Kolbe und nicht Kaplan Popieluszko haben ihre Würde verloren, sondern deren Mörder.» (Über den Begriff der Menschenwürde, S. 299).

Auch hier ist es notwendig, zwischen der großen, kleinen und mittleren Würde zu unterscheiden. Schränkt ein Folterer die Selbstbestimmung seines Opfers über dessen eigene Belange, also dessen große Menschenwürde ein, so impliziert das keine Verminderung seiner Selbstbestimmung über die eigenen Belange, d.h. seiner eigenen großen Menschenwürde. Anders ist die Lage dagegen bei der kleinen Würde des Verletzers. Jeder Verletzer der großen, kleinen, mittleren oder ökonomischen Würde anderer mindert die eigene kleine Würde der sozialen Bewertung. Dies gilt natürlich in besonders starkem Maße für den Folterer oder Sklavenhalter, also den Verletzer der großen Würde. Es trifft aber auch für den Demütiger und Erniedriger zu, also den Verletzer der kleinen Würde, etwa wenn er andere Menschen anspuckt. Spaemanns These trifft also nur für die kleine Würde der sozialen Stellung des Verletzers zu.

Allerdings ist zu bedenken, dass die kleine Würde faktisch in nicht unerheblichem Maße von den Regeln und Auffassungen der jeweiligen Gesellschaft beeinflusst wird. Das bedeutet: Die Mörder Maximilian Kolbes und Kaplan Popieluszkos haben ihre kleine Würde zwar gemäß den Regeln und Auffassungen einer heutigen humanen und aufgeklärten Gesellschaft verringert bzw. verloren. Das galt aber faktisch nicht für die damaligen Gesellschaften der nationalsozialistischen und kommunistischen Schergen. Die tatsächliche Minderung der kleinen Würde des Verletzers durch sein eigenes Tun hängt also zwar nicht gänzlich, jedoch nicht unerheblich von den tatsächlichen Wertungen derjenigen Gesellschaft ab, in der er lebt.

IV. Anwendungen der Menschenwürde

1. Dürfen Menschen ein Leben lang eingesperrt werden?

Widerspricht die lebenslange Freiheitsstrafe der Menschenwürde? Eine lebenslange Haft verstößt – so das Bundesverfassungsgericht – nicht gegen die Menschenwürde, wenn der Strafgefangene nach einer längeren Verbüßung (jetzt fünfzehn Jahren) eine realistische, rechtliche Chance hat, auf Bewährung frei zu kommen (BVerfGE 45, 187 (227ff., 245)). Die bloße Hoffnung, Gnade zu erlangen, genügt dafür nicht.

Ohne Chance der Freilassung ähnelt die lebenslange Haft der Sklaverei und der Zwangsarbeit. Selbst wenn – was schwer vorstellbar ist – in einem konkreten Fall die Belange zweiter Stufe des Gefangenen durch die lange Haft nicht wesentlich beeinflusst werden, ist doch zu bedenken, dass seine sekundären Belange sinnlos sind, wenn seine primären Belange fast vollständig von der Gefängnissituation bestimmt werden. Im Gefängnis ist der Tagesablauf streng geregelt, der Lebensraum eng begrenzt, jeder Sozialkontakt beschränkt, die Entfaltung neuer Aktivitäten kaum möglich. Die primären Belange sind also stark eingeschränkt. Dies mag die Ausprägung von Wünschen und Zielen zweiter Stufe noch nicht ganz abschneiden, wenn der Gefangene im Rahmen einer zeitigen Freiheitsstrafe die realistische Chance hat, nach gewisser Zeit freizukommen und ihm so zumindest eine Perspektive eröffnet ist, in der Zukunft andere Belange erster Stufe zu realisieren. Bei der lebenslangen Haft ohne berechenbare Chance zur Freilassung ist das jedoch ausgeschlossen. Deshalb verletzt eine solche lebenslange Haft ohne vorhersehbare Chance zur Freilassung tatsächlich die große Menschenwürde.

2. Darf man hungerstreikende Menschen zwangsernähren?

Treten Menschen in den Hungerstreik, so haben sie eine sehr ungewöhnliche und damit eigenständige Bewertung ihrer primären Bedürfnisse und Wünsche vorgenommen. Sie haben ihr Grundbedürfnis zur Nahrungsaufnahme und damit zum Erhalt des Lebens, das normalerweise alle anderen Bedürfnisse überragt, dem Wunsch nach politischem oder humanitärem Protest untergeordnet. Dies ist ein Akt, der in starkem Maße die Fähigkeit zur Relativierung eigener primärer Bedürfnisse auf einer zweiten, übergeordneten Stufe der Entscheidung verdeutlicht, also ein Akt, welcher die eigene Würde, die innere Unabhängigkeit eminent manifestiert. Die Zwangsernährung unterdrückt diese eigenständige Würdemanifestation der Betroffenen und verletzt deshalb deren große Menschenwürde – zumindest solange die Menschen bei Bewusstsein sind. Verlieren sie dagegen das Bewusstsein, so verstößt ihre künstliche Ernährung nicht gegen die große Menschenwürde, denn dann handelt es sich nicht mehr um eine Zwangsernährung im natürlichen Wortsinn, da kein Zwang mehr angewandt werden muss. Allerdings ist der einfache Wunsch, im Falle der Bewusstlosigkeit nicht künstlich ernährt zu werden, ebenfalls ein sehr beachtlicher Belang in der Abwägung.

3. Darf der Staat Lügendetektoren einsetzen?

Lügen Menschen auf Fragen staatlicher Behörden, so bewerten sie die eigenen Belange und die Interessen des Staates auf einer Metaebene. Sie entscheiden sich gegen die staatliche Verpflichtung und nehmen das Risiko in Kauf, der Unwahrhaftigkeit überführt zu werden. Sie bestimmen so über ihre eigenen Bedürfnisse, Wünsche und Ziele. Diese Möglichkeit der Selbstbestimmung zweiter Stufe und damit der Ausübung der großen Menschenwürde wird durch den Lügendetektor stark eingeschränkt. Deshalb verletzt sein Gebrauch die große Menschenwürde. Gleiches gilt für den Einsatz von Psychopharmaka zur Wahrheitsermittlung.

Gilt das auch, wenn der Betroffene der Verwendung des Lügendetektors zugestimmt hat? Erinnern wir uns (III. 11.): Jeder Verzicht des Einzelnen ist Teil einer allgemeinen Praxis und bestimmte Praxen können für die Belange anderer erhebliche Gefährdungen mit sich bringen. Eine politische Gemeinschaft darf deshalb schwere Menschenrechtsverletzungen wie etwa Folter, Sklaverei und Zwangsarbeit selbst dann verbieten, wenn der Betroffene vorher zugestimmt und damit auf den Schutz seiner Menschenwürde verzichtet hat. Gilt dies auch für den Gebrauch des Lügendetektors? Man mag dies vielleicht für private Verhältnisse bezweifeln. Wenn der Betroffene sich jedoch einer staatlichen Befragung ausgesetzt sieht, so tritt ihm eine Macht mit weit überlegenen Mitteln gegenüber. Das Verhältnis ist ein grundlegend asymmetrisches. Die Gefahren von Einschüchterung, Manipulation und Missbrauch sind enorm. Sie lassen sich den oben erläuterten Gefahren der staatlichen Folter vergleichen (III. 9.). Aus diesen Gründen ist der Staat ethisch verpflichtet, bei seinen Ermittlungen auf den Gebrauch des Lügendetektors zu verzichten. In Deutschland ist das rechtlich anerkannt (BVerfG NJW 1982, 375; BGHSt 5, 332; a. A.: BGHSt. 44, 308 (315 ff.)).

4. Dürfen von Terroristen gekaperte Flugzeuge abgeschossen werden?

Darf ein Pilot der Luftwaffe ein von Terroristen gekapertes Verkehrsflugzeug abschießen und damit den Tod unschuldiger Passagiere in Kauf nehmen, um das Leben anderer Menschen zu retten? Das Bundesverfassungsgericht sah in einer entsprechenden gesetzlichen Erlaubnis eine Verletzung der Menschenwürde (BVerfGE 115, 118 (154)): «Die Ausweglosigkeit und Unentrinnbarkeit, welche die Lage der als Opfer betroffenen Flugzeuginsassen kennzeichnen, bestehen auch gegenüber denen, die den Abschuss des Luftfahrzeugs anordnen und durchführen. Flugzeugbesatzung und -passagiere können diesem Handeln des Staates auf Grund der von ihnen in keiner Weise beherrschbaren Gegebenheiten nicht ausweichen, sondern sind ihm wehr- und hilflos ausgeliefert mit der Folge, dass sie zusammen mit dem Luftfahrzeug gezielt abgeschossen und infolgedessen mit an Sicherheit grenzender Wahrscheinlichkeit getötet werden. Eine solche Behandlung missachtet die Betroffenen als Subjekte mit Würde und unveräußerlichen Rechten. Sie werden dadurch, dass ihre Tötung als Mittel zur Rettung anderer benutzt wird, verdinglicht und zugleich entrechtlicht; indem über ihr Leben von Staats wegen einseitig verfügt wird, wird den als Opfern selbst schutzbedürftigen Flugzeuginsassen der Wert abgesprochen, der dem Menschen um seiner selbst willen zukommt.» (zur Diskussion: Lepsius, Das Luftsicherheitsgesetz und das Grundgesetz).

Zur Beurteilung muss man sich an den oben (III. 1.) erörterten Zusammenhang zwischen Lebensschutz und Menschenwürde erinnern: Jede Tötung eines Menschen vernichtet auch seine Selbstbestimmung über die eigenen Belange. Allerdings wäre für einen über die Tötung hinausgehenden Unrechtsgehalt eine zusätzliche Verletzung der Selbstbestimmung über die eigenen Belange oder der wesentlichen sozialen Stellung erforderlich, z. B. Folter oder schwere Demütigung. Im vorliegenden Fall sind die Passagiere unschuldig und nicht selbst Angreifer. Sie befinden sich auf engstem Raum und können das Flugzeug nicht verlassen oder gegenüber einem Angriff von außen reagieren. Sie befinden sich in einer ausweglosen Lage. Ihre Selbstbestimmung über die eigenen Belange ist also extrem eingeschränkt. Werden sie in dieser ausweglosen Situation der extremen Einschränkung ihrer Selbstbestimmung über die eigenen Belange für das Leben anderer geopfert, wird man den zusätzlichen Unrechtsgehalt der Verletzung der großen Menschenwürde jenseits der Tötung nicht bestreiten können.

5. Verletzen Präimplantationsdiagnostik und Selektion die Menschenwürde?

Mit Hilfe der sog. Präimplantationsdiagnostik kann das Erbgut im Reagenzglas erzeugter Embryonen durch Entnahme einzelner Zellen untersucht werden. Ein Ziel besteht darin, Erbkrankheiten oder Chromosomenanomalien zu erkennen und dann gesunde Embryonen zu selektieren, welche von den Müttern ausgetragen werden können, während man die anderen Embryonen sterben lässt. Das Verfahren kann auch zur Selektion von sog. Retterbabys mit dem Ziel der Heilung weiterer Kinder, zur Wahl des Geschlechts und anderer geno- oder phänotypischer Merkmale des Embryos sowie zu bloßen Forschungszwecken eingesetzt werden. Seit 2011 erlaubt in Deutschland § 3 a II des Embryonenschutzgesetzes die Präimplantationsdiagnostik und Selektion ausschließlich, wenn aufgrund der genetischen Disposition der Eltern eine schwerwiegende Erbkrankheit oder eine schwerwiegende, mit hoher Wahrscheinlichkeit zu einer Fehl- oder Totgeburt führende Schädigung des Embryos festgestellt werden soll. In anderen Ländern ist die Präimplantationsdiagnostik und Selektion gänzlich verboten (Italien, Österreich, Schweiz), wie in Deutschland zur Verhinderung schwerer genetischer Anomalien zugelassen (Niederlande) oder sogar zur Erzeugung von «Retterbabys» (Belgien, Portugal) sowie noch weitergehend zur Wahl des Geschlechts oder anderer Merkmale (USA) erlaubt.

Dem Embryo kommt bereits vor seiner Entstehung der Schutz vor Handlungen zu, welche seine große, kleine oder mittlere Menschenwürde verletzen (III. 7.). Dies gilt unabhängig davon, ob er im Mutterleib oder im Reagenzglas heranwächst. Problematisch ist vor allem die Selektion des Embryos. Über ihn wird ein gravierendes Werturteil gefällt, das in schwerwiegender Art und Weise seine soziale Stellung betrifft. Allerdings wird dieses Werturteil erst in der Zukunft wirksam, denn der Embryo hat zum Zeitpunkt der Selektion diese soziale Stellung noch nicht eingenommen. Es handelt sich also um eine Konstellation, bei der zwar ein Menschenwürdeschutz schon besteht, eine tatsächliche Verletzung der Menschenwürde aber erst in der Zukunft eintreten kann. Dieser vorverlagerte Zeitpunkt eröffnet einen gewissen Spielraum für die Abwägung mit sehr gewichtigen Belangen der Eltern. Das Interesse, eine schwere Erbkrankheit oder Chromosomenanomalie des eigenen Kindes zu vermeiden, ist ein solches Interesse, so dass diese eng begrenzte Zulassung der Präimplantationsdiagnostik als gerechtfertigt angesehen werden kann. Nicht zu rechtfertigen ist die Präimplantationsdiagnostik dagegen zu weitergehenden Zwecken, etwa zur Erzeugung eines «Retterbabys» usw. In diesen Fällen beeinträchtigt die Selektion die wesentliche soziale Stellung des Embryos gravierend, ohne dass sehr gewichtige Belange der Eltern dies rechtfertigen. Der Einwand, der schließlich geborene Embryo sei ja positiv bewertet worden, ändert hieran nichts, weil bereits die Selektionsentscheidung als solche, mag sie ausfallen wie sie will, die wesentliche soziale Stellung des Menschen einschränkt.

6. Darf man Menschen genetisch verändern?

Während die Selektion einzelner Embryonen im Anschluss an die Präimplantationsdiagnostik neben der Tötung nur deren sozialen Status und damit nur deren kleine Menschenwürde beeinträchtigt, wäre dies beim weitergehenden, bisher noch nicht realisierten Schritt der genetischen Veränderung des Embryos anders. Die Selbstbestimmung über die eigenen Belange eines Menschen hängt in ganz grundlegender Weise von den Strebungen, Bedürfnissen, Wünschen und Zielen ab, die er entwickelt. Da nun aber diese Belange fundamental im Körper des Menschen gründen, verändert jede Fremdbestimmung der körperlichen Grundlage des Embryos auch diese Belange und damit mittelbar die Selbstbestimmung des zukünftigen Menschen über seine eigenen Belange. Durch die genetische Veränderung des Embryos würde also nicht nur dessen sozialer Status tangiert, sondern auch dessen große Menschenwürde.

Man bedenke folgendes Beispiel: Durch genetische Veränderung steigern die Eltern und Ärzte die zukünftige Muskelausstattung eines Embryos erheblich. Das hat zur Folge, dass er nicht mehr ein Leben mit weniger Muskeln führen kann, welches ihm vielleicht andere Chancen eröffnen würde, zu denen man eher eine schmale Figur statt einer muskelbepackten benötigt. Auf diese Weise wird gravierend und irreversibel in sein Leben, genauer in seine Selbstbestimmung über seine eigenen Belange eingegriffen. Derartige Eingriffe verletzen also die große Menschenwürde.

Allenfalls sehr schwerwiegende Interessen des Embryos und

der Eltern könnten vielleicht eine Ausnahme rechtfertigen. Worin könnte eine solche Ausnahme liegen? Allenfalls wiederum in schweren Erbkrankheiten und Chromosomenanomalien, welche ein selbstbestimmtes Leben des zukünftigen Menschen fast unmöglich machen würden. Könnte man sicher wissen, dass niemand die Disposition zu einer schweren Erbkrankheit oder einer Chromosomenanomalie haben will und könnte man diese Disposition oder Anomalie mit an Sicherheit grenzender Wahrscheinlichkeit sowie ohne gravierende Nebenwirkungen beseitigen, wäre eine solche Rechtfertigung zu erwägen. Aber ob die Bedingung einer sicheren genetischen Heilung jemals erfüllbar sein wird, ist sehr zweifelhaft. Und der Forschungsweg dahin wäre ethisch außerordentlich problematisch, da die ersten Embryos quasi Versuchskaninchen wären. Schließlich müsste eine solche Entscheidung durch die gesamte Menschheit gefällt werden, weil potentiell alle zukünftigen Menschen betroffen wären, da die genetische Grundlage der gesamten Menschheit sukzessive verändert würde.

Was gilt aber, wenn der Embryo gar nicht zur Einsetzung in den mütterlichen Uterus bestimmt wäre, wenn er also von vornherein nur geschaffen würde, um anderen Zwecken zu dienen, etwa der Forschung oder als «Ersatzteillager»? Das deutsche Embryonenschutzgesetz verbietet in § 2 I, einen außerhalb des Körpers gezeugten Embryo zu einem solchen, nicht seiner Erhaltung dienenden Zweck zu verwenden. Dieses Verbot lässt sich durch den Schutz des Embryos vor Verletzungen seiner großen wie seiner kleinen Würde ethisch rechtfertigen, weil er sich prinzipiell zu einem lebenden Menschen entwickeln könnte. Die Forscher bzw. Ärzte dürfen sich nicht durch den Verzicht auf die Einpflanzung ihre eigene Rechtfertigung schaffen. Das ethische Verbot umfasst auch das sog. therapeutische Klonen.

7. Dürfen Menschen geklont werden?

Beim sog. reproduktiven Klonen, also beim Klonen zur Erzeugung eines mit einem anderen Menschen identischen Embryos, gilt Vergleichbares wie bei der genetischen Veränderung. Der geklonte Embryo wird hier nicht nur in seiner zukünftigen wesentlichen sozialen Stellung, also seiner kleinen Menschenwürde, selektiv bewertet und damit verletzt. Er wird vielmehr in den Faktoren, welche seine Selbstbestimmung über die eigenen Belange wesentlich beeinflussen, fremdbestimmt. Anders als bei der genetischen Veränderung im Falle schwerer Erbkrankheiten oder Chromosomenanomalien ist hier auch nicht in Ausnahmefällen ein sehr gewichtiges Interesse des Embryos oder der Eltern erkennbar, welches diesen Eingriff in seine Menschenwürde rechtfertigen könnte. Insbesondere kann das Interesse eines Menschen, quasi in einem anderen, genetisch identischen Menschen «fortzuleben», nicht als ein solches schwerwiegendes Interesse angesehen werden. Ein wirkliches Weiterleben ist ja in Wahrheit auf diese Weise nicht möglich, weil die vielfältigen sozialen Faktoren, welche die Persönlichkeit eines Menschen prägen, nicht reproduzierbar sind.

Aber gibt es nicht von Natur aus eineiige Zwillinge? Die Verletzung der Menschenwürde liegt jedoch gerade in der Fremdbestimmung durch andere Menschen, während die Folgen natürlicher Prozesse nicht fremdbestimmend, sondern zufällig eintreten. Insgesamt verletzt also das reproduktive Klonen eines Menschen seine große und kleine Menschenwürde. Das absolute Verbot des reproduktiven Klonens in § 6 Embryonenschutzgesetz und Art. 3 II d) der EU-Grundrechtecharta ist ethisch gerechtfertigt.

Dank

Für wertvolle Hilfe, Anregung und Korrektur bei der Verfertigung dieses Buches danke ich herzlich Timo Albrecht, Michael Becker, Ruwen Fritsche, Philipp Gisbertz, Holger Gutschmidt, Ruth Sandforth, Tim Schütz, Joris Sprengeler und Astrid Strack.

Literatur

Aristoteles: Nikomachische Ethik. Stuttgart 1980.

Aristoteles: Politik, 5. Aufl. München 1984.

Augustinus, Aurelius: Des heiligen Kirchenvaters Aurelius Augustinus fünfzehn Bücher über die Dreieinigkeit, Kempten 1935.

v. Arnim, Hans: Stoicorum veterum fragmenta, vier Bände, Leipzig 1903 ff.

Balzer, Philipp/Rippe, Klaus Peter/Schaber, Peter (Hg.): Menschenwürde vs. Würde der Kreatur, Freiburg 1998.

Bayertz, Kurt: Die Idee der Menschenwürde: Probleme und Paradoxien, in: Archiv für Rechts- und Sozialphilosophie 81 (1995), S. 465–481.

Bentham, Jeremy: Nonsense upon Stilts, in: Rights, Representation and Reform, hg. von Philip Schofield u. a. (The Collected Works of Jeremy Bentham), Oxford 2002, S. 317–434.

Bieri, Peter: Eine Art zu leben: Über die Vielfalt menschlicher Würde, 6. Aufl. Frankfurt a.M. 2020.

Birnbacher, Dieter: Mehrdeutigkeiten im Begriff der Menschenwürde, in: Aufklärung und Kritik 2 (1995), Sonderheft 1, S. 4–13.

Birnbacher, Dieter: Drei Begriffe von Menschenwürde, in: Jan Joerden u. a. (Hg.), Menschenwürde und moderne Medizintechnik, Baden-Baden 2011, S. 45–55.

Bloch, Ernst: Naturrecht und menschliche Würde, Frankfurt a. M. 1985.

Boethius, Anicius: Trost der Philosophie/Consolatio Philosophiae, München 1990.

Borchers, Dagmar: Menschenwürde in der Angewandten Ethik: verzichtbar und unverzichtbar, in: Hans Jörg Sandkühler (Hg.), Menschenwürde. Philosophische, theologische und juristische Analysen, Frankfurt a. M. 2007, S. 129–158.

Bremmer, Jan: The Early Greek Concept of the Soul, Princeton 1983.

Brugger, Winfried: Darf der Staat ausnahmsweise foltern?, in: Der Staat 1996, S. 67–97.

Brugger, Winfried: Vom unbedingten Verbot der Folter zum bedingten Recht auf Folter?, in: JZ 2000, S. 165–173.

Brugger, Winfried/Kirste, Stephan (Hg.): Human Dignity as a Foundation of Law, Stuttgart 2013.

Cancik, Hubert: ‹Dignity of Man› and ‹Persona› in Stoic Anthropology: Some remarks on Cicero, *De officiis* I 105–107, in: David Kretzmer/Eckart Klein, (Hg.), The Concept of Human Dignity in Human Rights Discourse, Den Haag 2002, S. 19–39.

Cicero, Markus Tullius: De officiis/Vom pflichtgemäßen Handeln, Stuttgart 1992.
Cicero, Markus Tullius: De re publica/Vom Gemeinwesen, Stuttgart 1995.
Cicero, Markus Tullius: Tusculanae disputationes/Gespräche in Tusculum, 5. Aufl. München 1984.
Claus, D. B.: Toward the Soul. An Inquiry into the Meaning of ψυχή before Plato, Yale 1981.
Dietrich, Frank/Czerner, Frank: Menschenwürde und vorgeburtliches Leben, in: Jan Joerden u. a. (Hg.), Menschenwürde und Medizin. Ein interdisziplinäres Handbuch, Berlin 2013, S. 491–524.
Diogenes Laertius: Leben und Meinungen berühmter Philosophen/Vitae et sententiae philosophorum, 3. Aufl. Hamburg 1990.
Dreier, Horst: Kommentierung zu Art. 1 GG, in: ders. u. a. (Hg.), Grundgesetz. Kommentar, Band 1 Art. 1–19, 3. Aufl. Tübingen 2013.
Drexler, Hans: Dignitas, in: Richard Klein (Hg.), Das Staatsdenken der Römer, 2. Aufl. Darmstadt 1973, S. 231–254.
Dürig, Günter: Der Grundrechtssatz von der Menschenwürde, in: Archiv des öffentlichen Rechts 81/2 (1956), S. 117–157.
Düwell, Marcus u. a. (Hg.): The Cambridge Handbook of Human Dignity, Cambridge 2014.
Enders, Christoph: Die Menschenwürde in der Verfassungsordnung. Zur Dogmatik des Art. 1 GG, Tübingen 1997.
Facio, Bartolomeo: De excellentia ac praestantia hominis ad Pium Papam Secundum liber incipit, 1447, Schriften des Facio in der Biblioteca Nazionale Rom.
Forschner, Maximilian: Marktpreis und Würde oder vom Adel der menschlichen Natur, in: Henning Kössler (Hg.), Die Würde des Menschen. Fünf Vorträge, Erlangen 1998, S. 33–59.
Frankfurt, Harry: Feedom of the Will and the Concept of a Person, in: ders., The Importance of What We Care About, Cambridge 1988, S. 11–25.
Gisbertz, Philipp: Menschenwürde in der angloamerikanischen Rechtsphilosophie. Ein Vergleich zur kontinentaleuropäischen Begriffsbildung, Baden-Baden 2018.
Goos, Christoph: Innere Freiheit. Eine Rekonstruktion des grundgesetzlichen Würdebegriffs, Göttingen 2011.
Gregor v. Nyssa: De hominis opificio/Abhandlung über die Ausstattung des Menschen, hg. von Lara Sels, Köln 2008.
Gröschner, Rolf/Kirste, Stephan/Lembcke, Oliver (Hg.): Des Menschen Würde, entdeckt und erfunden im Humanismus der italienischen Renaissance, Tübingen 2008.
Gröschner, Rolf/Kapust, Antje/Lembcke, Oliver (Hg.): Wörterbuch der Würde, Stuttgart 2013.
Habermas, Jürgen: Die Zukunft der menschlichen Natur. Auf dem Weg zu einer liberalen Eugenik?, Frankfurt a. M 2001.

Hegel, Georg Wilhelm Friedrich: Vorlesungen über die Philosophie der Religion, Werke 16, Frankfurt a. M. 1986.

Herdegen, Matthias: Kommentierung zu Art. 1 GG, in: Maunz/Dürig u. a., Kommentar zum Grundgesetz, 99. Ergänzungslieferung, München 2022.

Heyns, Christof: The Preamble of the United Nations Charter: The Contribution of Jan Smuts, in: African Journal of International and Comparative Law 7 (1995), S. 329–348.

Hobbes, Thomas: Leviathan oder Stoff, Form und Gewalt eines kirchlichen und bürgerlichen Staates, Frankfurt a. M 1984.

Horn, Christoph: Lässt sich Menschenwürde in Begriffen von Selbstachtung und Demütigung verstehen?, in: Falk Bornmüller u. a. (Hg.), Menschenrechte und Demokratie, S. 101–118.

Hörnle, Tatjana: Menschenwürde als Freiheit von Demütigungen, in: Zeitschrift für Rechtsphilosophie, 2008, S. 41–61.

Hoerster, Norbert: Ethik des Embryonenschutzes, Stuttgart 2002.

Hofmann, Hasso: Die versprochene Menschenwürde, in: Archiv des öffentlichen Rechts 118 (1993), S. 353–377.

Joerden, Jan/Hilgendorf, Eric/Thiele, Felix (Hg.): Menschenwürde und Medizin, Berlin 2013.

Kant, Immanuel: Kritik der reinen Vernunft (1781), Akademieausgabe 2. Aufl., Berlin 1904/11, Nachdruck 1968.

Kant, Immanuel: Grundlegung zur Metaphysik der Sitten (1785), AA, Berlin 1911, Nachdruck 1968.

Kant, Immanuel: Die Metaphysik der Sitten. Metaphysische Anfangsgründe der Rechtslehre/Metaphysische Anfangsgründe der Tugendlehre (1797/1798), AA, Berlin 1907/14, Nachdruck 1968.

Keßler, Eckhard: Menschenwürde in der Renaissance, in: Anne Siegetsleitner/Nikolaus Knoepfler (Hg.), Menschenwürde im interkulturellen Dialog, Freiburg 2005, S. 41 ff.

Killmister, Suzy: Contours of Dignity, Oxford 2020.

Kingreen, Thorsten/Poscher, Ralf: Grundrechte. Staatsrecht II, 38. Aufl. Heidelberg 2022.

Kobusch, Theo: Die Entdeckung der Person, Freiburg 1993.

Kobusch, Theo: Die Würde des Menschen – ein Erbe der christlichen Philosophie, in: Rolf Gröschner u. a. (Hg,): Des Menschen Würde, entdeckt und erfunden im Humanismus der italienischen Renaissance, Tübingen 2008, S. 235–248.

Kühne, Jörg-Detlef: Die Reichsverfassung der Paulskirche. Vorbild und Verwirklichung im späteren Rechtsleben, 2. Aufl. Neuwied 1998.

Lassalle, Ferdinand: Arbeiter-Programm, hg. von Eduard Bernstein, Berlin 1919.

Lenzen, Wolfgang: Fortschritte in der Bioethik?, in: ders. (Hg.), Wie bestimmt man den «moralischen» Status von Embryonen?, Paderborn 2004, S. 11–27.

Lepsius, Oliver: Das Luftsicherheitsgesetz und des Grundgesetz, in: Fredrik

Roggan (Hg.), Mit Recht für Menschenwürde und Verfassungsstaat, Berlin 2006, S. 47–74.
Lindholm, Tore: Article 1. A new Beginning. In: Eide Asbjøern, The Universal Declaration of Human Rights: A Commentary, Oslo 1992, S. 31–55.
Macklin, Ruth: Dignity is a useless concept. In: British Medical Journal, Vol. 327 (2003), S. 1419.
Maihofer, Werner: Rechtsstaat und menschliche Würde, Frankfurt a. M. 1968.
Manetti, Gianozzo: Über die Würde und Erhabenheit des Menschen/De dignitate et excellentia hominis, Hamburg 1990. Lat.: hg. von Elizabeth R. Leonard, Padua 1975.
Margalit, Avishai: The Decent Society, Cambridge, MA 1996. Dt.: Politik der Würde. Über Achtung und Verachtung, Frankfurt a. M. 2012.
Maritain, Jacques (Hg.): Um die Erklärung der Menschenwürde, Zürich 1951.
McCrudden, Christopher (Hg.): Understanding Human Dignity, Oxford 2014.
Mohlberg, Cunibert (Hg.): Sacramentarium Leonianum, Rom 1956.
Mohr, Georg: Ein «Wert, der keinen Preis hat» – Philosophiegeschichtliche Grundlagen der Menschenwürde bei Kant und Fichte, in: Hans Jörg Sandkühler (Hg.), Menschenwürde. Philosophische, theologische und juristische Analysen, Frankfurt a. M. 2007, S. 13–39.
Neumann, Ulfrid/Tiedemann, Paul/Liu, Shing-I (Hg.): Menschenwürde ohne Metaphysik, Stuttgart 2021.
Nietzsche, Friedrich: Fünf Vorreden zu fünf ungeschriebenen Büchern. 3. Der griechische Staat, in: Sämtliche Werke. Kritische Studienausgabe Bd. 1, hg. von Giorgio Colli und Mazzino Montinari, Berlin 1980, S. 764–777.
Onians, R. B.: The Origins of European Thought about the Body, the Soul, the World, Time, and Fate, 2. Aufl. Cambridge 1954.
Pascal, Blaise: Gedanken, Köln 1978.
von der Pfordten, Dietmar: Rechtsethik, EA 2001, 2. Aufl. München 2011.
von der Pfordten, Dietmar: Tierwürde nach Analogie der Menschenwürde?, in: Andreas Brenner (Hg.), Tiere beschreiben, Erlangen 2003, S. 105–123.
von der Pfordten, Dietmar: Ist staatliche Folter als fernwirkende Nothilfe ethisch erlaubt?, in: Wolfgang Lanzen (Hg.), Ist Folter erlaubt? Juristische und philosophische Aspekte, Paderborn 2006, S. 149–172.
von der Pfordten, Dietmar: Zur Würde des Menschen bei Kant, in: Recht und Sittlichkeit bei Kant, Jahrbuch für Recht und Ethik, hg. von Sharon Byrd u. a. 2006, S. 501–517. Englische Übersetzung: On the Dignity of Man in Kant, in: Philosophy 84 (2009), S. 371–391. Italienische Übersetzung: Sulla dignità umana in Kant, in: La Cultura XLIX (2011), S. 209–225.
von der Pfordten, Dietmar: Was ist Recht?, in: Zeitschrift für philosophische Forschung 63 (2009), S. 173–200.

von der Pfordten, Dietmar: Normative Ethik. Berlin 2010.
von der Pfordten, Dietmar: Zum Verfassungsbegriff der Menschenwürde und ein systematischer Vorschlag, in: Dieter Grimm u. a. (Hg.), Verfassung in Vergangenheit und Zukunft. Sechs Jahrzehnte Erfahrung in Deutschland und Italien, Stuttgart 2011, S. 39–46.
von der Pfordten, Dietmar: Some Remarks on the Concept of Human Dignity, in: Winfried Brugger/Stephan Kirste (Hg.), Human Dignity as a Foundation of Law, Stuttgart 2013.
von der Pfordten, Dietmar: The Rise of Human Dignity, in: Walter Schweidler (Hg.), Human Rights and Natural Law, St. Augustin 2013, S. 217–229.
von der Pfordten, Dietmar: Menschenwürde und Sterbehilfe, in: Jan Christoph Bublitz u.a. (Hg.), Recht – Philosophie – Literatur. Festschrift für Reinhard Merkel zum 70. Geburtstag. Teilband II, Berlin 2020, S. 1031–1044.
von der Pfordten, Dietmar: Zu einem adäquaten Verständnis der inhärenten, unveräußerlichen Menschenwürde, in: Neumann u.a. (Hg.), Menschenwürde ohne Metaphysik, Stuttgart 2021, S. 205–218.
von der Pfordten, Dietmar/Gisbertz-Astolfi, Philipp (Hg.): Menschenwürde. Zur Frage ihrer Unverfügbarkeit, Tübingen 2022.
von der Pfordten, Dietmar/Kähler, Lorenz (Hg.), Normativer Individualismus in Ethik, Politik und Recht, Tübingen 2014.
Pico della Mirandola, Giovanni: Über die Würde des Menschen/De Hominis Dignitate, Hamburg 1990.
Pinker, Steven: The Stupidity of Dignity. Conservative bioethics' latest, most dangerous ploy, in: The New Republik, 28. Mai 2008, S. 28–31.
Platon: Werke, 3. Aufl. Darmstadt 1990.
Pöschl, Viktor: ‹Würde im antiken Rom›, in: Art. Würde, in: Geschichtliche Grundbegriffe. Historisches Lexikon zur politisch-sozialen Sprache in Deutschland, Band 7, hg. von Otto Brunner u. a., Stuttgart 1992, Studienausgabe 2004, S. 637–645.
Pöschl, Viktor: Der Begriff der Würde im antiken Rom und später. Sitzungsberichte der Heidelberger Akademie der Wissenschaften. Philosophisch-historische Klasse Jahrgang 1989, Bericht 3, Heidelberg 1989.
Pohlenz, Max: Die Stoa. Geschichte einer geistigen Bewegung, 1. Band, 4. Aufl. Göttingen 1970; 2. Band, 2. Aufl. 1955.
Pope, Alexander: Vom Menschen/Essay on Men, Hamburg 1993.
von Pufendorf, Samuel: Acht Bücher vom Natur- und Völkerrecht (1672), Berlin 1998.
von Pufendorf, Samuel: Über die Pflicht des Menschen und des Bürgers nach dem Gesetz der Natur, Frankfurt a. M. 1994.
Raaflaub, Kurt: Dignitatis contentio. Studien zur Motivation und politischen Taktik im Bürgerkrieg zwischen Cäsar und Pompeius, München 1974.
Rohde, Erwin: Psyche. Seelenkult und Unsterblichkeitsglaube der Griechen, I. und II. Band, 9./10. Aufl., Tübingen 1925.

Rosen, Michael: Dignity. Its History and Meaning, Cambridge, MA 2012.
Rothhaar, Markus: Die Menschenwürde als Prinzip des Rechts, Tübingen 2015.
Sandkühler, Hans Jörg (Hg.): Menschenwürde. Philosophische, theologische und juristische Analysen, Frankfurt a. M. 2007.
Sandkühler, Hans Jörg: Recht und Staat nach menschlichem Maß, Weilerswist 2013.
Sandkühler, Hans Jörg: Menschenwürde und Menschenrechte. Über die Verletzbarkeit und den Schutz der Menschen, Freiburg i. Br. 2014.
Schaber, Peter: Menschenwürde, Stuttgart 2012.
Schaber, Peter: Instrumentalisierung und Würde, 2. Aufl. Münster 2013.
von Schiller, Friedrich: Über Anmut und Würde, Werke in drei Bänden, Bd. II, München 1976, S. 382–424.
von Schiller, Friedrich: Epigramme, Werke in drei Bänden, Bd. II, München 1976, S. 723–728.
Schopenhauer, Arthur: Preisschrift über die Grundlage der Moral (1841), in: ders., Sämtliche Werke III, Frankfurt a. M. 1986, S. 629–815.
Schweidler, Walter/Neumann, Herbert A./Brysch, Eugen (Hg.): Menschenleben – Menschenwürde, Münster 2003.
Schweidler, Walter: Über Menschenwürde. Der Ursprung der Person und die Kultur des Lebens, Wiesbaden 2012.
Seelmann, Kurt: Person und Menschenwürde in der Philosophie Hegels, in: Horst Dreier (Hg.), Philosophie des Rechts und Verfassungstheorie, Berlin 2000, S. 125–145.
Seelmann, Kurt (Hg.): Menschenwürde als Rechtsbegriff, Stuttgart 2004.
Seelmann, Kurt/Demko, Daniela: Rechtsphilosophie, 7. Aufl. München 2019.
Seneca: Über das glückliche Leben, Philosophische Schriften 2. Bd., Darmstadt 1999.
Skinner, B. F.: Beyond Freedom and Dignity, New York 1971; dt.: Jenseits von Freiheit und Würde, Reinbek 1982.
Sorgner, Stefan Lorenz: Menschenwürde nach Nietzsche. Die Geschichte eines Begriffs, Darmstadt 2010.
Spaemann, Robert: Über den Begriff der Menschenwürde, in: Ernst-Wolfgang Böckenförde/Robert Spaemann (Hg.), Menschenrechte und Menschenwürde: historische Voraussetzungen – säkulare Gestalt – christliches Verständnis, Stuttgart 1987, S. 295–313.
Starck, Christian: Kommentierung zu Art. 1 GG, in: v. Mangoldt/Klein/Starck (Hg.), Kommentar zum Grundgesetz Bd. 1, 7. Aufl. München 2018, S. 25–173.
Stoecker, Ralf (Hg.): Menschenwürde. Annäherung an einen Begriff, Wien 2003.
Thomas v. Aquin: Summa theologiae, Deutsche Thomasausgabe, Bonn 1987.

Tiedemann, Paul: Menschenwürde als Rechtsbegriff. Eine philosophische Klärung, 3. Aufl. Berlin 2012.
Tiedemann, Paul: Was ist Menschenwürde? Eine Einführung. 2. Aufl. Darmstadt 2014.
United Nations Human Rights Committee, Manuel Wackenheim v. France, Communication No 854/1999, U.N. Doc. CCPR/C/75/D/854/1999 (2002) Selected Decisions under the Optional Protocol, Seventy-Fifth to Eighty-Fourth Sessions (July 2002–March 2005), New York 2007, S. 110–114.
Van Roon, Ger: Neuordnung im Widerstand. Der Kreisauer Kreis innerhalb der deutschen Widerstandsbewegung, München 1967.
Waldron, Jeremy: Dignity, Rank, & Rights, Oxford 2012.
Wetz, Franz Josef: Illusion Menschenwürde. Aufstieg und Fall eines Grundwerts, Stuttgart 2005.
Wetz, Franz Josef (Hg.): Texte zur Menschenwürde, Stuttgart 2011.

Literatur zur Menschenwürde in außereuropäischen Traditionen

Aawani, Shahin: Menschenwürde als ethisches Prinzip der Kodifikation von Menschenrechten, Bonn 2003.
Heinzmann, Richard/Selcuk, Mualla/Körner, Felix (Hg.), Menschenwürde. Grundlagen in Christentum und Islam, Stuttgart 2007.
Hsu, Jimmy Chia-Shin (Hg.): Human Dignity in Asia. Dialogue between Law and Culture, Cambridge, UK, 2022.
Joas, Hans: Sind die Menschenrechte westlich?, München 2015.
Kretzmer, David/Klein, Eckart (Hg.): The Concept of Human Dignity in Human Rights Discourse, Den Haag 2002.
Mawdudi, Abdul A'la: Human Rights in Islam, London 1983.
Möller, Hans Georg: Menschenrechte, Missionare, Menzius. Überlegungen angesichts der Frage nach der Kompatibilität von Konfuzianismus und Menschenrechten, in: Gunter Schubert (Hg.), Menschenrechte in Ostasien, Bd. II, Tübingen 1999, S. 109 ff.
Onwubiko, Augustine B. C.: Person and Human Dignity. A Dialogue with the Igbo (African) Thought and Culture, Frankfurt a. M. 2012.
Paul, Gregor: Konzepte der Menschenwürde in der klassischen chinesischen Philosophie, in: Anne Siegetsleitner/Nikolaus Knoepfler (Hg.), Menschenwürde im interkulturellen Dialog, Freiburg i. Br. 2005, S. 67 ff.
Roetz, Heiner: China und die Menschenrechte: Die Bedeutung der Tradition und die Stellung des Konfuzianismus, in: Gregor Paul/Caroline Y. Robertson-Wensauer (Hg.), Traditionelle chinesische Kultur und Menschenrechtsfrage, Baden-Baden 1997, S. 37–55.
Siegetsleitner, Anne/Knoepffler, Nikolaus (Hg.), Menschenwürde im interkulturellen Dialog, Freiburg i. Br. 2005.

Register

Personenregister

Sachregister